KB196821

거북이도
달리면
빨라집니다

# 거북이도 달리면 빨라집니다

작심삼일 초등교사의 42.195km 도전기

**초 판 1쇄** 2024년 11월 25일

**지은이** 맹비오
**펴낸이** 류종렬

**펴낸곳** 미다스북스
**본부장** 임종익
**편집장** 이다경, 김가영
**디자인** 윤가희, 임인영
**책임진행** 김은진, 이예나, 김요섭, 안채원, 장민주

**등록** 2001년 3월 21일 제2001-000040호
**주소** 서울시 마포구 양화로 133 서교타워 711호
**전화** 02) 322-7802~3
**팩스** 02) 6007-1845
**블로그** http://blog.naver.com/midasbooks
**전자주소** midasbooks@hanmail.net
**페이스북** https://www.facebook.com/midasbooks425
**인스타그램** https://www.instagram.com/midasbooks

ISBN 979-11-6910-922-2  03190

값 18,500원

**미다스북스**는 다음세대에게 필요한 지혜와 교양을 생각합니다.

# 거북이도
# 달리면
# 빨라집니다

맹비오 지음

작심삼일

초등교사의

42.195km 도전기

미다스북스

# 나도 꽃이 되어 주고 싶다

황광우(작가, 「철학 콘서트」 저자)

맹비오. 내가 그의 이름을 부르기 전 그는 다만 하나의 몸짓에 지나지 않았다. 내가 그의 이름을 불러주었을 때 그는 나에게로 와서 꽃이 되어 주었다.

비오가 나에게 와 꽃이 된 것은 2009년 1월 겨울 어느 날이었다. 중3 시절 비오는 나의 고전읽기 수업에 참여하는 학생이 되어 주었다.

어언 15년의 세월이 훌쩍 지났다. "선생님, 안녕하세요. 취미로 달리기를 했습니다. 동네 몇 바퀴 달리는 것으로 시작했는데, 어쩌다 보니 마라톤 풀코스까지 도전하게 되었습니다. 달리기를 주제로 글을 썼습니다."

비오의 글은 간결해서 좋았다. "달리기가 밥 먹여 주냐?", "왜 뛰냐고 묻거든 웃지요.", "게으른 사람 모두 모여라!" 비오의 글은 참 신선했다. "나는 까만 바둑돌처럼 새까맣게, 하얀 바둑돌처럼 새하얗게, 바둑 두는 법을 잊었다.", "이상처럼 소설을 쓸 수 없지만, 뒹굴거리기는 내가 한 수 위이지 않을까?"

매일 아침 비오는 달리고 있었다. 달리면서 생각한다. 차별과 대립을 지양하고, 만물을 있는 그대로 존중하는 사람 장자. 달리면서 마음을 비우는 장자의 수양법을 생각한다. 부처님의 삼법인을 생각한다. 제행무상, 제법무아가 별거냐? 세상은 변해 간다. 달리면서 나조차도 변해 간다. 세상은 변해 간다. 헉헉. 더 이상 뛸 수 없다. 하늘이 노랗다. 한 바퀴 돌 때마다 손가락을 접는다. 열 손가락을 다 접으면 이 고통은 끝나는데, 손가락은 왜 이렇게 많은 거야…. 일체개고一切皆苦. 이래서 모든 것이 고통이란 말인가.

달리면서 생각한다. "우리는 모두 누구도 대체할 수 없는 존재인 것이야. 스스로 중요한 존재로 거듭날 수 있어." "'소확행'이 별거야? 이렇게 달리면서 느끼는 소소하지만 확실한 행복이 소확행이지?"

달리면서 생각한다. "손흥민, 황희찬, 김민재 선수가 '맹비오'를 알까?" 체력이 다 떨어지고, 다리가 움직이지 않을 때 비오는 대한민국 선수들을 떠올린다. "그들은 국가대표가 되기까지 얼마나 많은 땀을 흘렸을까? '중요한 건 꺾이지 않는 마음'이지."

그러고 보니 비오는 달리는 철학도였다. 달리면서 그리스 신화에 나오는 시시포스의 고행을 생각하고, 니체가 말한 고통의 의미를 곱씹으며, 신영복이 말한 관계의 의미를 성찰한다.

2009년, 비오가 나에게 와 꽃이 되어 준 것처럼, 2024년 나도 비오에게 꽃이 되어 주고 싶다.

데카르트가 맹비오의 『거북이도 달리면 빨라집니다』를 읽는다면 이렇게 말하지 않을까?

"나는 달린다. 그러므로 나는 존재한다."

I run, therefore I exist.

# 달리기가 밥 먹여 주냐?

일요일 새벽 5시 30분. 알람이 울린다. 졸린 눈을 비비며 일어나 고양이 세수를 한다. 주섬주섬 옷을 갈아입고 러닝화를 신는다. 아내가 깨지 않게 조용히 현관문을 열고 집 밖을 나간다. 분명 조심했는데 '쿵' 하고 닫히는 문소리가 꽤 크다. 어쩌면 아내가 깼을지도 모르겠다. 아직 해가 뜨지 않았다. 여름이지만 쌀쌀한 바람이 피부를 감싼다. 하지만 걱정하지 않는다. 달리면 금세 더워질 것이다. 오히려 곧 떠오를 태양이 두렵다.

그날 35km를 달렸다. 달리던 중 해가 떠올랐다. 뜨거운 태양의 심술에 몸은 완전히 퍼졌다. 달리고 나서 한참을 그늘에 앉아 있었다. 내가 많이 힘들어 보였는지, 함께 달린 크루원 한 분께서 말을 건넸다.

"주말 새벽부터 내가 뭐 하러 이 고생인가 싶죠? 저도 그래요."

집에 가서 아내에게 너무 더워 달리기가 힘들었다며 투정했다. 아내는 물었다. 왜 그렇게 달리냐고. 뭐 때문에 사서 고생이냐고. 달리기가 밥 먹여 주냐고.

돌이켜 보니 내 삶 곳곳엔 달리기가 숨어 있었다. 틈틈이 그 순간을 하나하나 모아 글로 남겼다. 너무 느려 슬펐던 소년이 어쩌다 매일같이 달리는 어른이 되었는지, 작심삼일 초등교사가 어떻게 42.195km를 달리게 되었는지, 밥 먹여주지도 않는 달리기를 도대체 왜 그렇게 열심히 하는지. 이 책은 그 답을 찾아가는 과정이다.

『거북이도 달리면 빨라집니다』에는 달리기를 통해 완전히 새로운 인생을 살게 되었다거나, 부귀영화를 누리게 됐다거나 하는 거창한 스토리는 없다. 잘 달리는 비법이나 체계적인 훈련 프로그램도 없다. "그럼 도대체 무슨 책인데?"라는 질문에 대한 대답은 이렇다.
'읽으면 한 번쯤 달리고 싶어지는 책'.

그런 책으로 기억되면 좋겠다.

인천 앞바다에 뜬 사이다를 바라보며
맹비오

**목차**

# 1장

# 왜 뛰냐고 묻거든

# 웃지요

초등학교 체육 시간 나는 깨달았다.

학생은 크게 두 종류로 나뉜다.

달리기가 빠른 학생.

달리기가 느린 학생.

## 키만 크고 느린 아이

달리기.

인간의 가장 기본적인 움직임이다.

평범한 사람이라면 누구나 배우지 않아도 걸을 수 있고, 달릴 수 있다.

하지만 그 속도는 다르다.

누군가는 100m를 10초 만에 뛴다.

누군가는 42.195km를 2시간 조금 더 걸려서 뛴다.

누군가는 100m를 42.195km처럼 오래도록 뛴다.

누군가는 100m를 뛰다 지쳐 쓰러진다.

사람들은 말한다.

누구나 자신만의 속도가 있다고.

빠르고 느리고는 중요하지 않다고.

자기 자신의 속도를 찾아가는 과정이 중요하다고.

그러니 좌절하지 말라고.


초등학교 체육 시간 나는 깨달았다.

학생은 크게 두 종류로 나뉜다.

달리기가 빠른 학생.

달리기가 느린 학생.

체육 시간은 달리기가 느린 학생에겐 좌절의 시간이었다.

하루는 릴레이 달리기를 했다. 규칙은 간단하다. 주자는 바통을 들고 출발한다. 빠르게 달려 반대쪽에 있는 반환점을 돌고 다음 주자에게 바통을 건넨다. 그러면 다시 다음 주자가 출발한다. 이를 반복하고 마지막 수자가 먼저 들어오는 팀이 이긴다.


선생님께서는 우리 반 학생을 두 팀으로 나누셨다.

"자! 애들아! 우선 번호대로 홀수 한 줄, 짝수 한 줄 서 봅시다!"

1분 1초가 소중한 체육 시간이었기에, 우리는 빠르게 줄을 맞췄다.

선생님은 다시 말씀하셨다.

"음…. 이쪽 팀이 잘하는 친구들이 많네요. 그러면 A가 비오랑 바꾸자!"

기울어진 추를 맞추는 방법은 간단하다. 가장 무거운 추와 가장 가벼운 추를 바꾸면 된다. 릴레이 달리기 밸런스를 맞추는 가장 좋은 방법도 마찬가지다. 가장 빠른 학생과 가장 느린 학생을 바꾸면 된다. 그중 나는 '가장 느린 학생' 역을 맡았다.

원래 홀수였던 나는 짝수 팀으로, 원래 짝수였던 A는 홀수 팀으로 갔다. 역시 선생님은 교육 전문가셨다. 양 팀의 밸런스는 완벽했다. 두 팀은 늘 아슬아슬하게 승부를 다퉜다. 한 판은 홀수 팀의 승리. 한 판은 짝수 팀의 승리. 이렇게 끝이 나면 모두가 행복한 체육 시간이 된다. 짜릿한 승리의 기쁨도, 처절한 패배의 아픔도 없는. 1:1의 평범한 하루. 그런 하루는 쉽사리 잊히는 법이지만, 20년도 더 지난 지금. 난 그날이 생생히 떠오른다.

첫 번째 판이었다. 선생님께서는 달릴 순서를 정해서 줄을 서라고 하셨다. 우리 팀은 그냥 키 순서대로 서자고 합의했다. 키가 컸던 나는 뒤에서 두 번째 주자가 되었다. 상대 팀과 줄을 맞추고, 나와 함께 뛸 상대 친구를 보았다. 나보다는 빠르지만, 엄청 빠르지는 않은 친구였다. 마음속으로 되뇌었다.

'이 자식은 해볼 만하다.'

진짜로 그렇게 믿었다. 이기지는 못해도 비슷한 속도로 달릴 것으로 생각했다. 나보다 먼저 달린 같은 팀 친구들은 굉장히 잘 달렸다. 내가 뛰기도 전에 상당한 차이가 나고 있었다. 우리 팀은 이미 이겼다고 생각했다. 그렇게 바통은 나에게 넘어왔다.

이겨 놓고 하는 싸움이었다. 상대 팀도 이미 포기한 듯 보였다. 내가 이미 반환점에 도착했을 때, 내 상대 친구는 그제야 바통을 넘겨받았다. 그런데 이상하다. 나를 향해 뛰어오는 그 친구. 너무 빠르다. 원래 그렇게 빠른 애였나? 잠시 그런 생각을 하는 동안, 뒤에서 들리는 발소리가 점점 가까워졌다. 우리 팀의 환호성은 조금씩 괴성으로 바뀌었고, 나는 그때야 사태의 심각성을 느꼈다.

'아. 따라잡히겠구나….' 생각하는 순간.

상대 친구가 내 앞에 보였다. 결국 우리 팀은 졌다. 홀수 팀의 승리였다.

두 번째 판이었다. 선생님께서는 말씀하셨다.

"지금 보니, 두 팀이 서로 비슷하네요. 팀은 그냥 홀수, 짝수로 나누겠습니다. A랑 비오랑 다시 바꾸고, 원래 팀으로 가자!"

이긴 팀은 이미 한 번 이긴 마당에 거절할 명분이 없었고, 진 팀은 느린 놈 가고, 빠른 놈 온다는데 거절할 이유가 없었다. 서희 장군 같은 담임 선생님의 협상 능력에 아무도 이의를 제기하지 않았다. 나는 원래 팀인 홀수 팀으로, A도 원래 팀인 짝수 팀으로 갔다.

새로운 팀에서는 당연히 나를 달가워하지 않았다. 친구들은 나를 가장 먼저 뛰게 하고, 뒤에서 조금씩 만회하는 작전을 세웠다. 일명 버리는 카드 작전. 그래도 친한 친구 녀석 한 명이 용기를 주었다.

"비오야! 그냥 네가 맨 앞에서 뛰어. 우리가 다시 따라붙을 테니까. 걱정하지 마!"

그 한마디가 큰 힘이 되었다. 애당초 내 임무는 이기는 게 아니었다. 내 목표는 오직 하나. 너무 차이 나지 않게 지는 것. 이번엔 꼭 팀에 도움이 되고 싶었다.

첫 주자라 이전 판보다 훨씬 긴장되었다. 선생님의 목소리에 귀를 기울였다.

"준비!"

총알같이 뛰어 나가는 내 모습을 상상하며 출발 신호를 기다렸다.

"출발!"

난 전혀 총알 같지 않았다. 마치 나 홀로 갯벌을 뛰고 있는 듯했다. 조금씩 멀어져 가는 친구를 바라보며, 나는 의심했다.

'혹시 초고속 카메라가 오직 나만 찍고 있는 것이 아닐까….'

내 뒤의 많은 친구가 조금씩 차이를 줄여 나갔지만, 내가 벌여 놓은 간격을 메우기엔 역부족이었다. 나는 애처로운 눈빛으로 바라볼 수밖에 없었다. 두 번째 경기는 짝수 팀의 승리였다.

내 신체 능력이, 이렇게 많은 이들에게 폐를 끼친다는 사실이 미안했다. 고개를 들 수가 없었다. 누군가가 차라리 나에게 욕을 퍼붓길 바랐다. 주위를 보니 의외로 다들 평화로웠다. 미안한 마음에 먼저 다가가 우리 팀 친구들에게 말했다.

"진짜 미안해…. 완전 나 때문에 졌다."

친구들은 웃으며 대답했다.

"괜찮아! 1:1이잖아. 한 판 이겼으면 됐지."

그랬다. 나만 빼고 모두가 한 판은 이긴 날이었다.

모두에겐 1:1의 평범한 하루.

A에겐 2:0 완승의 하루.

오직 나에게만 0:2 완패의 하루….

그날 이기지 못한 사람은 오직 나뿐이었다.

## 내가 달리기 2등을 하다니

20년 전, 초등학교 운동회는 지금과 매우 달랐다. 선생님과 학생들은 한 달 전부터 오직 그날을 위한 준비에 들어갔다. 우선 내가 청군인지, 백군인지 확인한다. 주로 홀수 반은 청군, 짝수 반은 백군이 된다. 자신의 정체성을 찾은 뒤엔, 오래전부터 전해져 오는 응원가를 연습한다.

"따르릉따르릉 전화 왔어요~ 청군이 이겼다고 전화 왔어요~~ 아니야! 아니야! 그건 거짓말~ 백군이 이겼다고 전화 왔어요~~"

반전과 조롱의 응원가를 통달하면 가장 큰 관문이 남았다. 바로 매스 게임! 우리는 한 조각의 블록이 되어 일사불란하게 움직였다. 조금만 틀려도 호되게 혼났다. 혼나고 또 혼나며, 우리는 조금씩 완벽한 블록 조각이 되었다. 지금 생각해 보면 선생님들도 참 힘드셨겠다. 나는 아이들에게 그런 칼 같은 군무를 가르칠 자신이 없다.

운동회는 학생들만의 행사가 아니었다. 온 동네의 축제였다. 운동회 날이면 운동장에는 형형색색 만국기가 달렸다. 부모님은 기본이고, 할아버지, 할머니, 이모, 고모, 삼촌까지 동네에 사는 모든 가족이 함께했다. 그뿐이랴? 솜사탕 파는 아저씨, 아이스크림 파는 아줌마. 모두 모두 학교 운동장으로 모였다. 그 엄청난 인파 속에서 우린 다양한 종목을 겨뤘다. 이기고도 손바닥이 다 까지던 줄다리기, 박을 터뜨리려고 던진 콩주머니에 코피가 터지던 박 터뜨리기. 이겨도 져도 즐거웠던 피구. 그중에서도 체육대회의 꽃은 달리기였다. 한판의 승부를 위해 수많은 준비와 도구가 필요한 다른 종목과 달리, 달리기에 필요한 것은 오직 하나. 튼튼한 두 다리밖에 없었다.

학교에서는 가성비 종목인 달리기를 최대한 이용했다. 개인 달리기도 하고, 계주도 하고, 심지어 학부모 계주도 했다. 무슨 기준으로 뽑힌 건진 모르겠지만, 우리 엄마도 학부모 대표로 계주를 뛰었다. 엄마는 상상을 초월하는 스피드로 모두를 놀라게 했다. 속도가 너무 빨라 코너에서 살짝 미끄러지긴 했지만, 누가 봐도 압도적인 속도였다. 엄마는 그날의 스타가 되었다. 친구들은 내게 와서 소리쳤다.

"비오야! 너희 엄마 진짜 빠르시다!"

안타깝게도 나는 엄마의 운동신경을 물려받지 못했다. 달리기 3등까지 손목에 찍어 주는 도장과 선물로 주던 공책. 꿈도 꾸지 못했다. 언제나 꼴찌였고, 운이 좋으면 꼴찌에서 두 번째였다. 처음 꼴찌를 했을 때는 분했다. 다른 친구 손목에 찍힌 도장이 부러웠다. 나도 언젠가 저 공책 한번 받아 보겠다고 다짐했다. 그다음 운동회에서 나는 꼴찌를 했다. 그다음 다음 운동회에서도 나는 꼴찌를 했다. 그 이후로도 몇 번의 꼴찌를 더 경험하고서야, 나는 체념했다. 그제야 즐기며 달릴 수 있었다. 꼴찌를 해도 슬프지 않았다. 운 좋게 꼴찌에서 두 번째를 하면 하늘을 날아갈 듯 기뻤다.

5학년 1학기 체육대회 날이었다. 그날도 기대 없이 출발선에 섰다. 6명씩 나란히 줄을 섰다. 옆에 선 친구들을 쭉 훑어보았다. 영웅은 영웅을 알아보는 법. 5학년쯤 되면 서로가 알게 된다. 누가 누가 빠른지, 또 누가 누가 느린지…. 같은 줄에 해볼 만한 상대가 있었다. 그 친구 얼굴을 보며 결심했다.

'내가 오늘 반드시 너는 이긴다.'

그 친구 표정에서 느낄 수 있었다. 정확히 나랑 같은 생각을 하고 있다는 것을.

선생님께서는 화약총을 높게 드시며 말씀하셨다.

"준비!"

꼴찌를 하지 않을 수도 있다는 기대감에 긴장되었다. 총성이 울렸다.

탕!

친구들은 초반부터 빠르게 나를 앞질러 갔다. 상관없었다. 그들은 이미 내 관심 밖이었다. 나에게 상대는 오직 한 명. 그리고 지금, 나는 그를 이기고 있다. 그거면 됐다. 그 순간 앞쪽에서 갑자기 모래바람이 일었다. 1등으로 달리던 친구가 넘어진 것이다. 뒤에 따라가던 친구들이 도미노처럼 함께 쓰러졌다. 내 앞의 네 명이 모두 바닥에 쓰러져 있었다. 나는 빼어나게 느렸기에 그들보다 한참 뒤에 있었다. 덕분에 참사를 피할 수 있었다. 쓰러져 있는 그들을 바라보며 사뿐히 지나갔다. 처음 느껴 보는 기분이었다. 1등. 내가 1등이다! 저 멀리 결승 테이프가 보였다. 이런 운수 좋은 날이! 오늘이 내 생 첫 1등을 하는 날인가? 엄마, 아빠 모두 지금 저를 보고 계시는가요? 제가 1등을 하기 직전이에요!

코앞에 있는 결승선이 서울에서 부산까지 거리만큼 멀게 느껴질 정도로 나는 느렸다. 얼마 못 가 등 뒤로 발소리가 들렸다. 넘어졌던 친구 중 한 명이었다. 그는 다시 나를 앞질렀다. 결국 그 친구가 결승 테이프를 끊었다. 아쉬운 마음으로 스탠드로 들어가려는데, 선생님께서 부르셨다!

"비오야! 도장 찍고 공책 받아 가야지!"

내 손목에는 '2등'이라고 적힌 도장이 찍혔다. 1등을 못 했다는 아쉬움은 순식간에 사라졌다. 2등! 내가 2등이라니! 이건 정말 가문의 영광이었다.

2등 도장을 간직하고 싶었다. 평생 손을 씻지 않을까도 고민했다. 그때 그랬어야 했다. 문신이라도 새겼어야 했다. 날짜라도 기억하면 해마다 그날을 기념할 텐데. 아쉽게도 전혀 기억나질 않는다. 그날 이후 체육대회에서 단 한 번도 손목 도장은 받아 보지 못했다.

# 체육 선생님 아닙니다

가끔 누군가 직업을 물을 때가 있다.

"혹시 비오 님은 어떤 일 하세요?"

"아, 저는 초등교사입니다."

초등교사라는 걸 밝히면 자주 따라붙는 질문이 있다.

"그럼 어떤 과목 가르치세요?"

"저는 모든 과목 다 가르칩니다."

그러면 대부분 그제야 자신의 어린 시절을 다시 떠올린다.

"아! 맞다! 생각해 보니 초등학교 때는 담임 선생님이 다 가르치셨네요."

많은 선생님이 이런 경험이 있을 것이다.

그런데 유독 나에게는 한 과목을 콕 집어서 물어보는 경우가 많다.

"혹시 비오 님은 어떤 일 하세요?"

"저는 초등교사입니다."

"아! 체육 선생님이세요?"

"아니요. 체육도 가르치긴 합니다만… 체육 선생님은 아니고요. 모든 과목 다 가르치고 있습니다."

"그렇구나! 당연히 체육 선생님이신 줄 알았어요."

이해한다. 충분히 오해할 만하다. 거기엔 몇 가지 이유가 있다.

첫째, 옷차림. 운동도 못하면서 추리닝을 즐겨 입는다. 신발도 운동화만 산다. 다른 옷은 잘 사지 않는다. 정장은 대학교 졸업할 때 아빠가 사 준 한 벌. 결혼식 때 입었던 한 벌. 단 두 벌뿐이다. 그마저도 1년에 한 번 입을까 말까다. 가끔 정장을 입을 때면, 넥타이를 매는 법을 몰라서 곤란하다. 일상복도 추리닝을 제외하고는 대부분 아내가 사 준 옷이다. 매일 아침 출근 전에 아내에게 묻는다.

"나 오늘 뭐 입어?"

둘째, 멀쩡한 허우대. 체구가 작지 않은 편이고, 피부도 까만 편이다. 옷을 입고 있으면 사람들은 흔히 내가 몸이 좋을 것이라는 착각을 한다. 사실 아닌데…. 한 번은 술집 화장실에서 손을 씻는데 약간 취한 듯한 남자분이 오셔서 말씀하셨다.

"몸이 진짜 좋으시네요. 한번 만져 봐도 돼요?"

"아! 아닙니다. 몸 안 좋아요."

이 정도면 완곡한 거절이라 생각했는데, 그는 이미 내 어깨를 만지고 있었다. 예상과 다른 물렁물렁한 촉감에 그는 적잖이 당황한 듯했다. 그를 보며 말했다.

"이거 그냥 살입니다."

술에 취해 살짝 풀려 있던 남자의 눈이 갑자기 또렷해졌다. 그는 '죄송합니다.'라고 외치며 황급히 화장실을 빠져나갔다. 홀로 남아 화장실 거울을 바라보며 생각했다.

'죄송할 건 없고요. 그냥 그렇다고요.'


셋째, 어눌한 말투와 꺼벙한 표정. 불분명한 발음. 초점을 잃은 눈동자. 늘 약간 벌리고 있는 입. 이를 종합해 보면 누구나 합리적으로 결론을 내릴 수 있다.

'저 사람은 머리를 쓰는 직업은 아닐 테야.'

그런데 그런 사람이 자신의 직업을 교사라고 하니, 이런 생각이 들 수밖에….

'이 사람이 교사라고? 이 사람이 정말 학생들 앞에서 수업한다고? 아! 허우대가 멀쩡한 거 보니 체육 선생님인가 보구나.'


사실 그런 오해가 기분 나쁘지 않다. 오히려 내가 운동을 잘하는 것처럼 보이는 것 같아 기분이 좋다. 하지만 문제가 있다. 진실이 아니라는 점이다.

나는 운동을 못한다. 심한 몸치다. 남들은 한 번 보면 따라 하는 동작을 아무리 많이 봐도 따라 하지 못한다. 중학교 체육 시간에 레이업 숏 수행평가를 봤다. 다른 친구들은 선생님의 시범을 보고 곧잘 따라 하는데, 나는 매번 발이 꼬였다. 선생님께서도 처음엔 '이걸 왜 못하지?'라는 표정으로 바라보시다가 나를 위해 특별 대책을 세우셨다.

"비오! 여기로 와 봐. 지금부터 말해 주는 걸 공식처럼 외워. 여기 오른쪽에 이렇게 선이 있잖아. 여기까지 우선 뛰어와. 이 선에 오는 순간에 '왼발, 오른발, 슛!' 외워 봐. '왼발, 오른발, 슛!'"

그렇게 나는 레이업 숏 수행평가를 통과했다. 지금도 나는 오직 그 위치에서만 레이업 숏을 할 수 있다.

게다가 나는 운동을 안 좋아한다. 헬스장을 등록하고 한 달 이상 꾸준히 간 적이 없다. 나 같은 사람 덕에 헬스장은 저렴한 회비에도 유지가 된다. 얼마 전에도 호기롭게 6개월 회원권을 등록했다가, 2주 다니고 당근마켓에 헐값에 팔았다. 헬스를 열심히 하는 친구들은 나에게 이런 비난을 자주 했다.

"넌 조금만 하면 금방 몸 좋아지겠는데, 운동을 왜 안 하는 거야."

나는 대답한다.

"헬스 재미없잖아. 나도 요즘 운동하고 있어."

"그래? 무슨 운동?"

"피구."

이런 사람이 체육 선생님으로 오해받다니. 양심에 너무 찔린다. 전국의 훌륭한 체육 선생님들께 너무나 죄송하다. 이제는 더 이상 오해하지 않길 바라는 마음에 이렇게 글을 쓴다.

저 체육 선생님 아닙니다. 운동 못합니다. 아니, 운동 싫어합니다. 운동 경기 보는 건 좋아합니다. 몸 안 좋습니다. 이거 근육 아닙니다. 살입니다. 물렁물렁하니 만지지 마세요. 서로 민망하잖아요. 체육도 가르치긴 합니다. 주특기는 앞구르기, 뒤구르기입니다. 농구, 축구, 배구, 야구는 기본이고, 높이뛰기, 멀리뛰기, 심지어 경보까지 대부분 스포츠의 경기 규칙과 이론은 빠삭하게 외우고 있습니다. 임용 시험 볼 때 달달 외웠습니다. 그렇다고 운동 실력이 늘어나는 건 아니더군요. 잘 아는 것과 잘하는 것은 다른가 봅니다. 그러니 이제 부디 오해는 그만해 주시길. 양심이 너무 찔려서요….

## 게으른 사람 모두 모여라!

성경에 나오는 '7대 죄악'이 있다. 오만, 질투, 분노, 나태, 탐욕, 폭식, 정욕. 영화 〈신과 함께〉에서는 저승에서 재판받아야 할 일곱 지옥이 나온다. 살인, 나태, 거짓, 불의, 배신, 폭력, 천륜. 이중에 겹치는 목록이 있다. 바로 '나태'. 성경의 7대 원죄를 소재로 한 영화 〈세븐〉에서는 성실하게 일하지 않고 '나태'했다는 이유로 마약 밀매상을 한 달 동안 침대에 묶어서 살해한다. 〈신과 함께〉에 나오는 '나태 지옥'은 더 끔찍하다. 커다란 나무가 프로펠러처럼 계속 돌아간다. 나태 지옥의 사람들은 그 나무에 부딪히지 않으려고 쉼 없이 뛰어야 한다. 다른 사람들에게 밀려나 물에 빠지기도 한다. 이런 장면들을 보면 괜히 뜨끔하다. 나도 같은 죄를 저질렀기 때문이다. 바로 게으른 죄. 게으름이 살인, 배신, 폭력, 탐욕, 정욕 등과 같은 선상에 오를 정도로 그리 큰 잘못인가….

내가 그렇게 나쁜 사람이란 말인가.

　선조들은 게으르지 말라는 메시지를 전하기 위해 다양한 이야기를 만들었다. 부지런한 개미와 놀기만 하는 베짱이. 느리지만 끝까지 달린 거북이와 빠르지만 게으름 피운 토끼. 모든 이야기의 승자는 언제나 부지런한 인물이다. 성공한 사람들의 자기계발서도 비슷한 말을 한다. '오늘 할 일을 내일로 미루지 말라.', '오늘 걷지 않으면 내일은 뛰어야 한다.' 그런 글을 읽으며 늘 다짐한다.

　"그래. 나도 이제 더 이상 게으르게 살지 말아야지. 운동도 하고, 글도 매일 쓰고, 공부도 하고 열심히 살아야지. 나는 할 수 있다!"

　그런 마음으로 헬스장을 등록했다. 친구와 내기도 했다. 일주일에 네 번 이상 헬스장을 출석하지 않으면 벌금 만 원을 주는 방식이었다. 처음에는 의지가 불타올랐다. 일주일에 매일도 아니고 네 번. 너무 쉬운 거 아니야? 한 달이 지나자 조금씩 다시 나태해졌다. 처음으로 내기에 진 날 생각했다. 그래. 한 번은 질 수 있지. 이번 주는 너무 힘들었으니까. 이제 다시는 지지 말자. 다짐이 무색하게 친구에게 만 원을 주는 날들이 점점 늘어났다. 나중에는 거의 내가 친구에게 기부하는 꼴이 되었다. 결국, 보다 못한 친구가 먼저 제안했다.

　"이럴 거면 내기 그만두자."

그렇게 내기는 끝났고, 헬스장도 그만두었다.

언젠가 네이버 블로그에서 '주간일기 챌린지'라는 이벤트를 했다. 매주 한 편의 일기를 블로그에 올리면 추첨을 통해 상품을 준다는 것이었다. '이런 좋은 기획이. 일주일에 한 번만 쓰면 된다고?'. 우습게 생각했다. '매일도 아니고, 일주일에 네 번도 아니고, 단 한 번. 그걸 누가 못 해.'

그걸 내가 못 하더라. 월요일이 되면 늘 다짐했다. '이번 주는 미루지 않고 빨리 써야지.' 월요일엔 모든 것이 글의 소재로 보인다. 이번 주는 이걸 써 볼까? 아, 이걸 쓰면 재밌겠는데? 하지만 쓰지 않는다. 결국 일요일 밤이 된다. 노트북 앞에 앉고 억지로 꾸역꾸역 글을 쓴다. 아, 정말 쓰고 싶지 않다.

'브런치 스토리'라는 글쓰기 플랫폼이 있다. 그곳에서는 글을 쓰기 위해서 '작가 승인'을 받아야 한다. '작가 승인'을 받기 위해서는 신청서와 함께 글 몇 편을 제출해야 한다. 처음엔 가볍게 생각하고 그동안 써 두었던 글 몇 개 제출했다. 며칠 뒤 메일이 왔다.

"안타깝게도 이번에는 모실 수 없게 되었습니다."

분노와 함께 오기가 생겼다. 글을 좀 더 다듬고 매만진 후에 다시 한 번 신청서를 보냈다. 며칠 뒤 다시 한번 메일이 왔다.

"진심으로 축하드립니다! 작가님 소중한 글 기대하겠습니다."

'브런치 스토리'에서는 나를 작가로 불러 주었다. 작가란 무엇인가? 쓰는 사람이다. 나도 이제 작가의 품격을 갖추어야겠다고 생각했다. '반드시 일주일에 한 편은 꼭 글을 쓰리라' 다짐했다. 얼마 지나지 않아서, 결심은 무너졌다. 오랜만에 들어가 본 브런치 스토리에는 이런 메시지가 있었다.

"구독자들은 꾸준히 글을 쓰는 작가님에게 더 깊은 친밀감을 느낀다고 해요. 작가님의 소식을 기다리는 구독자들에게 새 글 알림을 보내 주시겠어요?"

"글쓰기는 운동과 같아서 매일 한 문장이라도 쓰는 근육을 기르는 게 중요하답니다. 오늘 떠오른 문장을 기록하고 한 편의 글로 완성해 보세요."

알겠습니다. 얼른 쓰겠습니다.

'세상을 변화시키고 싶다면, 침대 정돈부터 똑바로 하라.'는 미군 해군 대장 출신 윌리엄 맥레이븐 총장님의 연설과 '세상을 탓하기 전에 방부터 정리하라.'라는 조던 피터슨 교수님의 말씀에 감동하였다. 아침에 일어나서 이불을 침대에 쫙 펼쳐 본다. 방을 깨끗하게 정리해 본다. '음, 그래. 나도 이제 부지런한 사람이 되는 거야.' 잠시 후 아내가 나를 부른다.

"이불 정리 좀 해 줘! 방에 책상도 좀 치우고!"

응? 그거 다 정리한 건데….

천재 문학가 이상은 말했다.

"내 몸과 마음에 옷처럼 잘 맞는 방 속에서 뒹굴거리며, 축 처져 있는 것은 행복이니 불행이니 하는 그런 세속적인 계산을 떠난, 가장 편리하고 안일한, 말하자면 절대적인 상태인 것이다. 나는 그런 상태가 좋았다."

아! 역시 이상도 나와 같은 생각이구나. 내가 뒹굴뒹굴하는 건, 게으른 게 아니야. 세속적인 계산을 떠난 절대적인 상태를 즐기는 것뿐이야. 천재 시인 이상도 저렇게 뒹굴뒹굴하는 걸 좋아한다는데, 나도 좀 뒹굴거려도 되겠지. 잠시 후 가장 중요한 부분을 간과했다는 걸 깨달았다.

난 이상처럼 천재가 아니잖아.


꿈에서라도 한번 만나 보고 싶은 천재 문학가 이상.

혹시나 꿈에서 만나게 된다면, 게으름에 대한 진지한 고찰을 함께 나누고 싶다.

이상처럼 시를 쓸 수도, 소설을 쓸 수도 없지만, 뒹굴거리기는 내가 한 수 위이지 않을까?

## 해 본 건 많은데, 제대로 하는 건 없습니다

어른들이 자꾸 물어봐.

커서 뭐가 되고 싶은지를 물어봐.


정말 힘든 질문이야 답이 너무 많아.

먹고 싶은 게 많아서 꿈도 너무 많아.


나쁜 사람 체포하는 경찰.

위용위용 불 끄는 소방관.

지금처럼 랩을 하는 래퍼.

얍! 얍! 얍! 멋진 태권도장 관장

<Happy - 차노을>


나도 하고 싶은 게 너무나도 많았다. 그중 하나라도 꾸준히 했다면

상당한 실력을 갖추고 있을 텐데…. 지금 할 줄 아는 건 아무것도 없다. 할 줄 아는 건 푸념뿐….

"내가 왕년에, 이것도 할 줄 알고, 저것도 할 줄 알았고…. 응? 다 했어! 마!"

어린 시절, TV에서는 바둑 중계를 많이 했다. 바둑 천재 조훈현 9단과 그의 제자 이창호 9단. 스승을 뛰어넘으려는 제자와 그를 멈추려는 스승. 스토리가 매력적이었다. 하지만 중계 화면을 봐도 아무것도 알수 없었다. 규칙을 전혀 모르니 재미도 없었다. 다행히 아빠가 바둑을 둘 줄 알았다. 아빠에게 가서 속성으로 배웠다. 자의였는지 타의였는지는 잘 기억나지 않지만, 바둑 학원도 다녔다. 학원 이름은 '하얀 돌바둑 학원'. 그곳에서 배우며 바둑이 점점 재밌어졌다. 당시 바둑계에는 떠오르는 신예가 있었다. 바로 '이세돌'이었다. 당시 이세돌 선수는 3단이었다. 한참 낮은 단수에도 그는 9단들을 상대로 승리를 이어 나갔다. 그를 보고 결심했다.

'바둑 기사가 되어야겠다.'

'하얀 돌 바둑 학원'에서 단체로 바둑 시합을 나간 적이 있었다. 매일 같이 바둑을 두던 친구들과 함께 나간 탓에 긴장되진 않았다. 시합이라는 느낌도 없었다. 그저 학원을 벗어나서 바둑을 둘 수 있어서 좋았다. 첫 번째 경기를 생각보다 가볍게 이겼다. 잠시나마 우승하는 내 모습을 꿈꿨다. 다음 판 상대를 기다리고 있는데, 첫 경기에서 진 친구들이 내 주위로 몰려왔다. 그들은 별로 슬퍼 보이지 않았다. 오히려 나에게 웃으며 말했다.

"비오야, 경기 지면 저기서 선물 줘! 너도 빨리 와!"

그들은 예쁘게 포장된 선물을 자랑했다. 성미 급한 친구는 이미 포장지를 뜯었다. 선물은 문구 세트였다.

원대한 우승의 꿈을 품어서인가. 아무 생각 없이 임했던 첫 번째 판과 달리 두 번째 판은 긴장되었다. 상대는 나보다 한 살 많은 형이었다. 그는 긴장한 듯한 기색이 전혀 없었다. 여유로워 보였다. 긴장한 탓인지, 원래 실력이 부족한 탓인지 승부의 추는 빠르게 기울어졌다. 큰 대마가 잡히며 비참하게 패배했다. 이미 죽은 목숨을 억지로 부지하고 있을 때, '하얀 돌 바둑 학원' 원장 선생님께서 내 옆을 지나가셨다. 살아남은 학생들이 몇 명이나 있는지 확인하러 오신 듯했다. 그는 내 바둑판을 보더니, 한마디 던졌다.

"비오야, 졌다. 가자…."

그날 이후 바둑 학원을 그만두었다. 바둑을 전혀 두지 않았다. 그리고 지금, 나는 까만 바둑돌처럼 새까맣게, 하얀 바둑돌처럼 새하얗게,

바둑 두는 법을 잊었다. 이제 나는 바둑을 안 하는 게 아니라, 못 한다.

초등학교 때 TV에서 한 광고를 보았다. 덤블도어처럼 분장한 백인 할아버지가 마법 지팡이를 들고 팔았던 제품은 바로 '멀린의 마술 학교'. 175가지의 마술을 할 수 있는 도구가 담긴 상자의 가격이 단돈 39,800원! 나에겐 너무나 큰 돈이었다. 어쩔 수 없이 부모님을 졸랐다. 이것만 사면 '175가지' 마술을 할 수 있다는 점을 특히 강조했다. 다행히 설득에 성공했다. '멀린의 마술 학교' 광고가 나오길 손꼽아 기다린 뒤 주문을 했다. 며칠 뒤, 집으로 '멀린의 마술 학교'가 도착했다. 그런데 상자를 열어 보니 TV 광고에서 본 것과는 완전 딴판이었다. TV에선 엄청 고급스러워 보였는데, 이건 누가 봐도 싸구려였다. 게다가 '175가지'라는 숫자는 너무나도 과장되었다. 제대로 할 수 있는 마술은 10가지도 되지 않았다.

'멀린의 마술 학교'는 몇 가지 깨달음을 주었다. 첫째, TV 광고는 절대 믿으면 안 된다. 둘째, 내가 마술을 좋아하는구나. 셋째, 마술은 마법사 행세하는 '멀린' 할아버지가 아닌 제대로 된 스승에게 배워야겠구나. 스승을 찾기 위해 인터넷 창을 켰다. 네이버에 '마술 배우는 법'

이라고 검색했다. 마술 카페를 몇 군데를 추천받았다. 카페에 가입하니, 마술 영상을 볼 수 있었다. 마술을 잘하는 다양한 팁도 있었다. 나는 몇몇 마술 카페에 같은 질문을 올렸다.

"초보자가 마술을 잘하려면 어떻게 해야 하나요?"

하루가 지나자 수많은 댓글이 달렸다. 대부분 마술 고수들이 비슷한 조언을 해 주었다.

"마술을 처음 배운다면 『이은결의 눈으로 배우는 마술책』을 읽어 보세요. 이 책만 봐도 초급 마술은 다 할 수 있습니다."


다음 날 동네 서점을 갔다. 『이은결의 눈으로 배우는 마술책』을 찾았다. 마술 트릭이 담긴 책이라 그런지 읽어 볼 수 없게 비닐로 포장되어 있었다. 그 책 속에 뭐가 들었을지 너무 궁금했다. 가격은 19,800원. 역시나 나에겐 너무 큰 돈이었다. 한 번 더 부모님을 설득해야 했다. 이 책만 보면 초급 마술을 마스터할 수 있다는 점과 마술책을 보는 것도 엄연한 독서라는 점. 앞으로 마술 관련된 소비는 더 없을 것이라는 점을 강조하며 허락을 받아 냈다. 책을 산 뒤엔 정말 달달 외울 정도로 보며 연습했다. 마술 관련된 소비는 더 없을 것이란 말은 거짓이었다. 칭찬받을 일이 생길 때마다 마술 도구를 사 달라고 졸랐다. 집에 카드가 하나둘 늘어났다. 심지어 광주에 오직 하나밖에 없었던 마술 학원도 잠시 다녔고, 학예회에서 2년 연속 마술 공연을 했으며, 유치원생 사촌 동생이 실수로 내 카드 한 장을 찢었을 때 펑펑 눈물을 흘려 가족들을 놀라게 할 정도로 나는 마술에 진심이었다.

언제부턴가 마술에서 조금씩 멀어졌다. 별다른 이유는 없었다. 그냥 마술에 질렸다. 더 이상 마술 도구도 사지 않았고, 마술 연습도 하지 않았다. 마술은 서서히 내 기억 속에서 사라져 갔다. 그리고 지금. 바둑과 마찬가지로 마술도 더 이상 하지 못한다. 역시나 안 하는 게 아니라 못 한다. 기억이 전혀 나지 않는다. 단 하나, 동전이 사라지게 하는 마술은 열 명 중 일곱 명은 깜빡 속을 정도로 할 수 있다. 100원만 건네주신다면 얼마든지 보여 드릴 테니 믿어 주시길….

한때 악기도 몇 가지 연주할 줄 알았다. 초등학교 때는 피아노를 배웠다. 당시 초등학생이라면 누구나 한 번쯤 다녔던 피아노 학원. 내가 다니던 피아노 학원에서는 도대체 무슨 이유에선지 수요일마다 닭싸움했다. 아무리 생각해 봐도 왜 피아노 학원에서 닭싸움을 했는지 이해가 되지 않지만, 그땐 의문조차 없었다. 오히려 피아노에 흥미가 떨어졌을 때도, 닭싸움 때문에 피아노 학원을 계속 다니겠다고 고집을 피웠다. 아무튼 닭싸움 덕분에 나는 피아노를 꽤 오랜 시간 배웠다.

믿기지 않겠지만 피아노 콩쿠르도 나간 적이 있다. 심지어 상도 탔다. 물론 당시 콩쿠르는 자라나는 아이들의 기를 살려 주기 위해 참여한 아이들에게 꼭 멋진 트로피 하나는 쥐여 주는 분위기였다. 하지만 그런 상이라면 말도 꺼내지 않았을 거다. 내가 받은 상은 누구나 주는 그런 참가상이 아니었다. 나는 무려 본선 진출까지 했다. 대회장을 한 번 더 가서, 연주를 한 번 더 했다. 피아노 선생님은 본선 진출을 하지 못한 다른 친구들이 상처 입을까 걱정하셨다. 본선 진출한 사실을 다른 탈락한 친구들에게 말하지 말라고 신신당부했다. 나는 그 약속을 아주 잘 지켰다. 거의 30년이 다 지난 오늘에서야 고백한다.

나는 그렇게 최고상을 받았다. 다른 친구들의 네모난 트로피와 달리, 나는 동그란 트로피를 받았다. 누가 봐도 내 상이 훨씬 더 고급스러웠다. 그게 무슨 의미가 있으랴…. 피아노가 질려서 피아노 학원을 그만 다니고, 집 한구석에 피아노가 늘 있었지만, 단 한 번도 치지 않았다. 키가 크고 한 살 한 살 늘어 갈수록, 피아노 치는 방법을 잊어 갔다. 피아노 치는 법을 완전히 잃어버렸을 때, 나는 다시 피아노 앞에 앉게 되었다.

대학교 1학년 때, 음악 실기 수업이 있었다. 교대 음악 강의실에는 책상 대신 피아노가 있었다. 일주일에 한 번씩 피아노를 배웠다. 교수님 혼자서 30명을 가르치는 건 애당초 말이 안 되는 일이었다. 사실상 독학이나 다름없었다. 기말고사는 애국가와 동요 한 곡을 연주하는 것이었다. 다른 시험은 관심도 없었는데, 음악 실기 시험은 이상하게 잘 보고 싶었다. 한때 나도 피아노를 칠 줄 알았던 사람이라는 걸 증명하고 싶었다. 혼자 교대 음악 연습실에 들어가 열심히 애국가를 연습했다. 처음에는 삐걱대던 애국가가 나중에는 기름칠한 듯 부드러워졌다. 기다리던 기말고사 날 최선을 다해 연주했다. 성적은 B+였다. 그리고 그날부터 다시 서서히 피아노 치는 법을 잊어 갔다. 지금, 이 순간, 나는 피아노를 치지 못한다. 아! 한 손으로 동요 '비행기' 정도는 칠 수 있다.

　중학교 시절. 아이돌의 황금기였다. 소녀시대, 원더걸스, 카라, 포미닛 등의 여자 아이돌부터 빅뱅, 샤이니, FT아일랜드 등의 남자 아이돌. 당시 중학생들은 누구나 마음속에 자신이 좋아하는 아이돌 하나는 품고 살았다. 나 역시도 사춘기 시절의 열혈남아였고, 여자 아이돌에 눈길이 가기 시작했다. 자연스러운 일이었다. 그런데 느닷없는 이유로 인해, 여자 아이돌과는 거리가 멀어졌다.

원인은 한 TV 프로그램이었다. 이름은 바로 〈쇼바이벌〉. 〈쇼바이벌〉은 오디션 프로그램의 원조 격인 프로그램이다. 실력은 뛰어나지만 다양한 이유로 주목받지 못한 가수들에게 무대를 선물해 주었다. 나중엔 꽤 유명해진 VOS, 8eight, 카라, 스윗소로우 등도 무명 시절 쇼바이벌에서 끼를 펼쳤다. 나는 그 중 '슈퍼키드'라는 락밴드에게 빠져들었다. 상큼하고 발랄한 그들의 편곡과 무대를 사로잡는 그들의 재치를 보고 생각했다.

'나도 언젠가 로큰롤 스타가 될 거야!'

안타깝게도 〈쇼바이벌〉은 나 말고는 아무도 안 봤다. 결국 시청률 부진으로 조기 종영되었다. 이런 프로그램이 있었다는 것조차 몰랐던 사람이 대부분이기에 정말 소리 없이 사라졌다. 〈쇼바이벌〉의 빈자리는 〈공부의 제왕〉이라는 프로그램이 차지했다. 한국방송(KBS), 서울방송(SBS)이면 몰라도 '문화'방송(MBC)에서 그러면 안 됐다. 그날 로큰롤 스타가 되겠다는 한 소년의 꿈은 짓밟혔다.

로큰롤 스타의 꿈을 저버린 소년은 공부의 제왕이 되기를 선택했다. 학교 가고, 학원 가고, 숙제하고, TV 보고, 중간고사 준비하고, 중간고사 끝났으니 놀고, 또 기말고사 준비하고, 기말고사 끝났으니 또 놀고, 이렇게 공부하고 놀기를 반복했다. 그렇다고 해서 공부의 제왕이 된 것도 아니었다. 차라리 음악을 했다면 로큰롤 스타가 됐으려나⋯.

수능이 끝나고 억눌려 있던 욕망이 표출되던 시기에 다시 로큰롤 스타의 꿈이 떠올랐다. 내가 무엇을 할 수 있을까 생각했다. 타고난 음치인 탓에 보컬은 글러 먹었다는 걸 잘 알고 있었다. 피아노는 다시 처음부터 배울 엄두가 나지 않았다. 베이스 기타는 지방에선 알려 주는 곳이 많이 없었다. 남은 건 기타와 드럼. 집 앞에 있는 실용 음악 학원을 찾아갔다. 문을 열자 쿵쿵거리는 드럼 소리가 들렸다. 그 울림에 심장이 떨렸다. 드럼을 쳐야겠다고 결심했다.

드럼은 정말 매력적인 악기였다. 처음 배울 때는 정말 재밌었다. 특히 심장까지 울리는 킥드럼 소리와 시원하게 울리는 심벌 소리가 좋았다. 대학교에 들어가서는 락밴드 동아리도 가입했다. 무대에 서는 단 하루를 위해 계속 드럼을 쳤다. 하지만 배우면 배울수록 드럼은 예술이 아닌 기술이라는 느낌이 들었다. 더운 여름날에 땀 흘리며 연습할 때면, 내가 음악을 하는 건지, 운동을 하는 건지 헷갈렸다. 공연 연습을 할 때마다 생각했다.
'진짜, 이번 공연만 하고 그만해야지⋯.'
무대에 서면 결심이 깨졌다. 한때 꿈꾸었던 로큰롤 스타가 된 기분. 엄청난 도파민이 분출되었다. 그렇게 3년을 후회하고 기뻐하며 드럼을 쳤다. 4학년 때 공부를 핑계로 완전히 드럼 스틱을 놓았다. 졸업 후에 밴드 동아리 친구들과 연락이 자연스레 끊기자, 드럼을 칠 일이 전혀 없어졌다. 기타를 배웠다면 집에서 혼자라도 칠 텐데, 드럼은 그럴 만한 악기도 아니었다. 다시 또 서서히 드럼 치는 법을 잃어 갔다. 지금은 드럼을 칠 줄 아는 것도 아니고, 모르는 것도 아닌 그런 상태이다. 그게 뭐가 중요한가. 칠 일도 없는데….

내가 악기만 했을 것 같은가? 운동도 상당히 많이 했다. 운동을 싫어하면서도, 이것저것 경험해 보는 것을 좋아했다. 헬스 pt도 받아 보고, 역도 수업도 들어 보고, 크로스핏도 하고, 복싱도 배우고, 주짓수도 배우고 이것저것 안 해 본 게 없다. 이것저것 찔러 보지 않고, 한 가지만 꾸준하게 했으면 뭐라도 좀 잘했을 텐데, 안타깝게도 잘하는 게 하나도 없다. 나와 함께 헬스를 시작했던 친구는 나와 비교할 수 없게 근육질이 되었다. 나와 함께 주짓수를 시작했던 분들 가운데 현재 주짓수 사범님을 하시는 분도 계시다. 한때 나와 비슷한 위치에 있던 분들이 저 높은 곳에 가 있는 것을 보면 허망하기도 하다. 하지만 어쩌랴. 이게 나인걸.

아내는 나를 보고 이런 별명을 붙여 주었다.

"3개월짜리 인간."

그 별명을 부정하려 애서 봤지만, 늘 실패했다. 이제 인정하지 않을 수 없다. 나는 3개월짜리 인간이란 것을. 왜 나는 3개월만 지나면 모든 것이 지루해지고, 또 다른 일에 관심이 생길까. 정말 이상할 노릇이다.

아내는 늘 말한다.

"달리기도 이제 질릴 때가 됐는데…"

그런데 이상하게도 아직 달리기는 질리지 않는다. 달리기를 본격적으로 한 지 1년이 넘었는데, 아직도 재밌다. 좀 더 잘하고 싶고, 더 좋은 기록을 세우고 싶다. 물론 이 생각이 얼마나 갈진 모르겠다. 이제 나조차도 궁금하다.

나에게 달리기는 몇 개월짜리 취미일까.

# 뜀걸음의 추억

군대는 한자어를 유독 많이 썼다.

점호(點呼) : 한 사람씩 이름을 불러 인원이 맞는가를 알아봄
오침(午寢) : 낮에 자는 잠
총기수입(銃器手入) : (주로 총기 등을) 새로 깨끗이 닦고 정비하는 것
결식(缺食) : 끼니를 거름

한자를 잘 몰랐기에, 그냥 눈치로 이해했다. 전역하고 한자 공부를
하고 나서야, 그때 썼던 말뜻을 이해했다. 하지만 아직도 의아한 점이
있다. 군대에서 유독 한 단어만은 억지스럽게 한글을 고집했다. 지금
까지 써 오던 익숙한 한자어가 있는데도 그랬다. 바로 '뜀걸음'이다.

'뜀걸음'은 구보(驅步)를 우리말로 풀어쓴 단어다.

구보(驅步).

'달리어 감. 또는 그런 걸음걸이.'

군인이 아니더라도 그리 낯설지 않은 단어. 적어도 '점호', '오침', '결식'보다는 많은 사람이 알 만한 단어다. 그런데 굳이 수많은 한자어를 그대로 남겨 둔 채로, 오직 '구보'라는 단어만 '뜀걸음'으로 바꾸어서 불렀는지 지금도 이해가 되지 않는다.

한자어를 우리말로 바꾸려는 노력. 환영한다. 우리 말을 사랑하셨던 '이오덕' 선생님께서는 『우리 글 바로 쓰기』라는 책에서 무분별한 한자 사용을 비판하셨다. '사고다발구간'보단 '사고 잦은 곳'이, '서행'보다는 '천천히'가 훨씬 자연스럽다. 이오덕 선생님께서는 심지어 '한자'라는 단어도 '중국 글자'로 바꿔야 한다고 하셨다. '존경하는 이오덕 선생님, 그건 좀….'

그래. 굳이 '구보(驅步)'라는 한자어를 쓸 이유는 없다. 그런데 많은 사람이 쓰는 '달리기'라는 단어가 있는데, 굳이 '뜀걸음'이라는 어색한 표현을 쓸까? 달리기와 걷기를 함께 표현하고 싶어서? 그렇다면 충분히 이해할 수 있다. 하지만 달리다가 걷는 사람들을 '낙오자'라고 부르는 집단에 어울리는 표현은 아니다. 아무튼, 군대에 있던 동안 나는 열심히 '뜀걸음'을 했다. 오전에는 연병장 한 바퀴, 오후에는 동네 한 바퀴. 매일 잠시나마 부대 밖을 나와 홍천 거리를 달리던 그 시간은 행복했다.

뜀걸음이 처음부터 좋진 않았다. 군에 입대하고 훈련소에서 했던 첫 체력 측정은 충격적이었다. 짐작은 대충 했다. 입대 전 생활은 엉망이었다. 매일같이 술을 마셨고, 운동을 전혀 하지 않았다. 아침에 일어날 때마다 생각했다. '입대가 하루 더 가까워졌구나….' 지옥에 조금씩 다가가는 기분이었다. 매일을 살아 있는 마지막 날처럼 살았다. 몸이 정상일 리가 없었다. 그래도 이 정도일 줄은 몰랐다.

체력 측정 첫 종목은 1.5km 뜀걸음이었다. 연병장 7바퀴 반을 달리면 된다. 평생 달리기를 잘해 본 적은 없다. 그래도 오래달리기는 그나마 괜찮을 줄 알았다. 사실 믿는 구석이 있었다. 대학교 때 MMA 시합을 준비하며 매일 숨이 턱 끝까지 차게 운동했다. 운동이 끝나면 쓰러져 한동안 일어나지 못했다. 타고난 몸치였던 탓에 격투기 실력은 많이 늘지 않았지만, 체력은 많이 좋아졌다. 그게 벌써 몇 년 전인가…. 최근 몇 년간은 달려 본 적이 없다. 횡단보도에서 초록 불이 몇 초 남지 않았을 때를 빼고는 뛴 적이 없었다. 바로 그날 그 결과가 처참하게 나타났다.

두 바퀴째부터 완전히 지쳤다. 거의 걷는 속도로 달렸다. 수많은 이들이 나를 앞질러 갔다. 나를 두 번이나 지나쳐간 이들도 있었다. 마지막 바퀴를 뛸 때는 이미 달리기를 마친 동기들이 응원해 주었다. 결과는 처참했다. 훈련소 조교는 나에게 3급이라고 알려 주었다. 달리기가 끝나도 고통은 끝나지 않았다. 그렇게 느린 속도로 달리고도 종아리가 너무 아파 걷기도 힘들었다. 내 체력이 이 정도밖에 안 되다니…. 인정하기 싫었다. 서러워서 눈물이 날 뻔했다.

그땐 1.5km가 왜 그리도 길었던지….

훈련소 생활이 끝나고 자대배치를 받았다. 11사단 공병대대. 그곳에서 매일 저녁 뛰었다. 강제로 뛰었다. 안 그래도 잘 뛰지 못하는데, '하나, 둘, 셋, 넷' 구령도 붙이고, 군가도 부르느라 숨이 더 차올랐다. 이상하게 그 느낌이 좋았다. 멈추고 싶은 순간도 많았지만 버텼다. 조금씩 '뜀걸음'이 편안해졌다. 부대에서는 3km 체력 측정을 했다. 훈련소에서 측정했던 거리의 두 배다. 매일같이 열심히 달린 효과는 있었다. 훈련소에서 3급을 받았던 '뜀걸음'은 조금씩 급수가 올라갔다. 일병 때 2급, 상병 때 1급을 지나, 마침내 병장 때 특급을 받을 수 있었다.

특급전사가 되려면 3km를 12분 30초에 뛰면 된다. 1km를 4분 10초 안에 들어오면 된다. 지금 생각해 보면 그때 당시 3km가 실제 3km에 조금 못 미쳤던 것 같기도 하다. 그래도 당당하게 말한다. 나는 특급전사였노라고. 지금은 그리 어렵지 않게 특급전사 기준을 맞출 수 있다. 그 속도로 5km도 충분히 달릴 수 있다. 운이 따라 주는 날엔 10km도 달릴 수 있다. 특급전사 한번 해 보겠다고, 이 악물고 달리던 그 시절.

그땐 3km가 내 남은 군 생활처럼 길게 느껴졌다.

지나고 나면 다 추억이라는데, 군대만큼은 좀처럼 그렇게 미화되지 않는다. 나에게 젊음을 되돌려준다고 해도, 군대에 다시 가야 한다면 거절하겠다. 그냥 지금 이대로 살련다. 그래도 그때 함께 군가를 부르며 달렸던 그 순간만큼은 조금 그립다. 매일 매일 함께 뛰며 하루빨리 이곳을 벗어나자고 다짐했던 전우들. 그들은 지금 무엇을 하고 있을까? 언젠가 다시 함께 달릴 날이 있을까.

# 하루키에게 배운 대답

기안84 님께서 풀코스 마라톤을 도전하는 방송을 보았다. 몇 번을 쓰러지면서도 끝까지 도전하는 그의 모습은 감동이었다. 많은 사람이 그 방송을 보고 '달리기'에 관심을 가지게 되었다. 풀코스 마라톤에 도전하는 사람들도 엄청나게 늘었다고 한다. 변화는 늘 작은 감동에서 찾아온다.

문득 나는 언제부터 달리기를 했나 생각해 본다. 학교에 지각했을 때. 우산이 없는데 갑자기 비가 쏟아져 내릴 때. 신호등이 빨간 불로 바뀌기 직전일 때. 친구가 뒤통수를 때리고 도망갔을 때. 군대에서 아침저녁으로 뜀걸음을 했을 때. 삶의 대부분, 나는 억지로 달렸다. 그런데 어느 날 갑자기 내 의지로 달리고 있다. 하기 싫은 달리기가 하고 싶어진 그 순간. '나도 한번 뛰어 보고 싶은데?'라는 생각이 들었던 순간. 그 순간은 언제였을까? 아마 하루키의 책을 읽었을 때 같다. 하루키는 인기 작가지만, 내 스타일은 아니었다. 하루키의 소설은 나에 겐 난해했다. 어느 날 우연히 『달리기를 말할 때 내가 하고 싶은 이야 기』를 읽었다. 바로 그날, 하루키도 달리기도 좋아지게 되었다.

하루키는 원래 재즈바를 운영하던 자영업자였다. 그는 관중이 없던 야구장에서 야구를 보다가 문득 이런 생각을 한다. '그래, 나도 소설을 쓸 수 있을지 몰라.' 야구가 끝나고 집에 돌아가는 길에, 하루키는 몽 블랑 만년필을 산다. 그리고 원고지에 소설을 쓰기 시작한다. '소설가 하루키'는 이렇게 탄생했다. 작가는 우아하게 에스프레소를 마시며, 한가하게 컴퓨터 앞에서 노니는 직업이 아니다. 책을 쓰는 일은 그리 간단하지 않다. 매일 무슨 글을 쓸지 고민하고, 온종일 쓴 글이 마음 에 들지 않아 모두 지워 버리기도 한다. 출판사와 약속한 마감일을 지 켜야 하는 현실적인 어려움도 마주한다. 하루키는 생각한다. '소설 쓰 기는 육체노동이구나.' 그는 소설을 쓰기 위해선 '체력'이 필요함을 깨 닫고 달리기를 시작한다.

취미로 달리기를 한다고 하면 사람들이 가장 먼저 하는 질문이 있다. "안 힘들어요? 도대체 힘들게 왜 뛰어요?"

답하기 어려운 킬러 문항이다. 분명 교육부가 킬러 문항 출제를 자제하라고 했을 텐데…. 사람들 참 말 안 듣는다. 대답은 해 줘야겠고, 답은 모르겠고. 나는 그저 웃어 버린다.

"허허허. 그러게요…."

나도 내가 힘들게 왜 뛰고 있는지 잘 모르겠다. 이해가 안 될 땐 외워야 한다. 다음에 누군가가 물어본다면 하루키가 쓴 모범 답안을 달달 외워서 대답해 줘야겠다.

같은 10년이라고 해도, 멍하게 사는 10년보다는 확실한 목적을 지니고 생동감 있게 사는 10년 쪽이, 당연한 일이지만 훨씬 바람직하고, 달리는 것은 확실히 그러한 목적을 도와줄 것이라고 나는 생각하고 있다.

정말 멋진 대답이다. 완벽하게 외웠다. 혹시 어디 물어봐 줄 사람 없나….

두 번째로 많이 받는 질문은 이렇다.

"뛰면서 무슨 생각 해요?"

이 질문은 정답이 너무 많아서 답하기가 어렵다. 사실 달리는 순간 내가 지구 밖으로 날아가는 것은 아니다. 뛰면서 하는 생각이 걸으면서 하는 생각과 큰 차이가 없다. 다만 부정적인 생각은 많이 사라지고 긍정적인 생각이 조금 늘어난다. 그뿐이다.

　내가 봐도 매력 없는 대답이다. 좋은 점수를 받기 어렵다. 역시나 달리기 일타 강사 하루키의 모범 답안을 달달 외워야겠다.

　강물을 생각하려 한다. 구름을 생각하려 한다. 그러나 본질적인 면에 대해서는 아무것도 생각하고 있지 않다. 나는 소박하고 아담한 공백 속을, 정겨운 침묵 속을 그저 계속 달려가고 있다. 그 누가 뭐라고 해도, 그것은 여간 멋진 일이 아니다.

　준비 완료. 이제 제발 누군가가 한 번만 저 질문을 다시 해 줬으면 좋겠다. 꼭 이러면 까먹을 때쯤 물어보더라⋯. 그럼 바보처럼 웃으며 이야기하겠지.
　"헤헤. 그러게요⋯. 제가 왜 이렇게 뛸까요?"

　하루키는 좋은 작가이자 훌륭한 러너이다. 42.195km의 풀코스 마라톤뿐만 아니라 100km를 달리는 울트라 마라톤, 트라이애슬론까지 극한의 도전을 계속한다. 삶이 그렇듯이 달리기 기록은 좋을 때도 나

뽈 때도 있지만, 하루키는 달리기를 멈추지 않는다. 하루키로 인해서 달리기를 시작한 수많은 러너도 전 세계 여기저기서 오늘도 달리고 있다. 하루키의 소설만큼 그의 달리기도 세상을 아름답게 만들었다고 믿는다. 그래서 오늘도 하루키의 대답을 외운다. 누군가 다시 한번 물어봐 주길 기대하며….

# 2장

# 달리기에서 배운 것들

최선을 다해 달리다 보니

변하는 나 자신이 당연하게 받아들여졌다.


굳이 '나를 믿자'라고 되뇌지 않아도

저절로 나를 믿게 되었다.

# 나를 잊어버리다

스스로 자기 마음을 섬기는 자는

슬픔과 즐거움에 따라 눈앞의 일을 바꾸지 않고,

사람의 힘으로는 어찌할 수 없음을 알며,

운명으로 여기고 편안하게 받아들이니

이것이 덕(德)의 지극함이다.

- 「인간세」, 『장자』

내가 가장 좋아하는 철학자는 장자다. 차별과 대립을 지양하고, 만물을 있는 그대로 존중하는 사람. 누구에게나 그 어떤 편견도 가지지 않고 대하는 사람. 세상의 평가와 세속의 행복을 초월한 '절대 자유의 경지'에 이른 사람. 높고 깊은 학식을 가졌지만, 평생을 곤궁하게 살았던 사람. 그럼에도 구차하지 않고 당당했던 사람. 그런 그를 닮고 싶었다.

장자의 핵심 철학 중 하나는 안명(安命)이다. 세상에는 인간의 힘으로 어찌할 수 있는 운명적 사태가 있다. 이를 장자는 명(命)이라 불렀다. 대표적으로 삶과 죽음이 있다. 이렇게 인간의 의지와 무관하게 벌어지는 사태를 어떻게 받아들일 것인가? 이것이 장자의 핵심 가르침이다. 내 뜻대로 되지 않는 일이 있으면 누구나 짜증이 몰려온다. 하지만 피할 수 없는 일이라면, 인간의 힘을 벗어난 운명적 사태라면, 거역하기보다는 순순히 따르는 것이 현명한 선택이라고 장자는 말한다.

가끔 내 힘으로 어찌할 수 없는 일을 겪는다. 언젠가 학교 방송부를 맡은 적이 있다. 하루는 개학식 방송을 하는 날이었다. 방송실에서 하는 방송이 모든 반으로 송출된다. 사고가 없도록 방학 때부터 준비하고, 전날까지 방송부 학생들과 함께 리허설을 마쳤다. 완벽했다. 잘못될 수가 없었다. 방송부 학생들도 여러 번의 연습 덕에 긴장하지 않았다. 그런데 교장 선생님이 개학 인사를 하는 순서에 갑자기 컴퓨터 모니터가 꺼졌다. 모든 반의 TV 속엔 아무것도 보이지 않는 까만 화면만 나왔다. 오직 교장 선생님의 목소리만 들을 수 있었다. 방송 사고였다. 어떻게 마무리되었는지는 잘 기억이 나지 않는다. 어찌할 수 없는 상황이 닥치자, 내 자신이 무력하게 느껴졌다. '내가 도대체 무엇을 잘못했을까?' 자책도 해 보고, '하느님, 저한테 왜 그러시는 겁니까?' 원망하기도 했다. 교실에서는 감정을 숨기려고 노력했는데, 잘되었는지는 모르겠다. 수업을 어떻게 했는지도 잘 기억이 나지 않는다. 장자님, 이럴 땐 어떻게 합니까?

장자의 수양 방법은 크게 두 가지이다. 좌망(坐忘)과 심재(心齋). 좌망은 앉아서 잊는다는 뜻이다. 심재는 마음을 비운다는 뜻이다. 짜증, 분노와 같은 오감의 구속에서 탈피해야 한다. 나 자신을 완전히 비워야 한다. 그때 우리는 그 무엇에도 의존함이 없는 완전한 자유를 누릴 수 있다. 퇴근하고 가만히 앉아 마음을 비워 보려 했다. 모두 다 잊고 싶었다. 유튜브에서 마음이 편안해지는 음악을 검색해 듣기도 하고, 신부님의 강론을 찾아보기도 했다. 모두 헛수고였다. '코끼리는 생각하지 마.'라고 말하면 가장 먼저 코끼리가 생각나듯, 억지로 잊으려 하니 오늘 일어난 모든 일이 더욱 생생하게 기억났다.

이대로는 안 되겠다고 생각했다. 운동복으로 갈아입고, 러닝화를 신었다. 우울한 기분을 한껏 등에 업고, 집 밖으로 나왔다. 신호등을 기다리며 이어폰을 끼고, 가볍게 준비 운동을 했다. 신호등이 초록 불로 바뀌자, 냅다 달렸다. 목적지는 정하지 않았다. 신호등이 없는 곳을 따라 무작정 뛰었다. 오늘 일어난 일들은 가쁜 숨과 함께 날아갔다. 다리가 조금씩 무거워질수록, 머리는 점점 가벼워졌다. 한 시간 정도 동네를 방황하다가 다시 집을 향했다. 집이 점점 가까워지자, 온

힘을 다 쏟아 보고 싶었다. 마지막 남은 200m 정도를 전력 질주했다. 내가 계주 마지막 주자가 된 상상을 하며 최선을 다해 달렸다. 숨이 턱 끝까지 차올랐다. 집 앞에 도착하니, 걷기도 힘들었다. 우스꽝스러운 걸음으로 집으로 들어갔다. 샤워를 하고 바로 침대에 몸을 던졌다. 여전히 심장은 빠르게 뛰고 있었다.

침대에 드러누워서 생각했다. 장자가 말한 좌망과 심재가 바로 이 느낌이 아닐까? 거리를 달리는 동안 나는 오늘 있었던 모든 일을 잊었다. 오직 내 호흡에 집중했다. 호흡이 가빠지면 속도를 줄였고, 여유가 생기면 다시 속도를 높였다. 마지막 전력 질주 때는 죽을힘을 다했다. 턱 끝까지 차오르는 숨 이외에 나를 고통스럽게 할 수 있는 것은 없었다.

기분이 한결 나아졌다. 장자가 말한 안명을 실천할 수 있었다. 고통스러웠던 사건들을 떠올리면서도 웃을 수 있었다. 돌이켜 보니 별일이 아니었다. 달리기를 통해 마음을 완전하게 비우고, 모든 것을 잊을 수 있었다. 나를 괴롭히던 오감의 구속에서 탈피했다. 장자의 가르침을 실천할 수 있는 가장 좋은 방법은 달리기가 아닐까. 생각이 드는 날이었다.

요즘도 기분이 안 좋은 날엔 러닝화를 신고 밖을 나온다. 달리면서 들을 노래를 신중하게 고르고 무작정 달린다. 30분 이상 달리고 나면 기분이 한결 나아진다. 왠지 기분이 안 좋은 날, 불쾌한 일을 겪은 날, 세상이 나를 '억까' 한다고 느껴지는 날 한번 달려 보기를 권한다. 거친 숨과 함께 훨씬 맑아진 기분이 기다리고 있을 것이다.

# 도장에 새길 세 가지 가르침

Woo~ 너무 쉽게 변해 가네

Woo~ 너무 빨리 변해 가네

Woo~ 너무 쉽게 변해 가네

Woo~ 너무 빨리 변해 가네

<변해가네 - 동물원>

법인(法印)이란 불교만의 독특한 가르침을 의미한다. 풀이하면 도장에 새길만큼 중요한 가르침이라는 뜻이다. 도장은 분명하고 확실할 때 찍는다. 즉 법인은 부처님이 우리에게 전해 주신 확실한 진리이다. 부처님께서는 우리에게 세 가지 가르침을 주셨다. 이를 삼법인(三法印)이라고 한다. 삼법인은 제행무상(諸行無常), 제법무아(諸法無我), 일체개고(一切皆苦)를 말한다.

부처님의 첫 번째 가르침은 제행무상이다. 제행무상은 모든 것은 변해감을 뜻한다. 세상의 모든 존재는 계속 변화한다. 영원한 것은 없다. 사람의 생은 고정되어 있지 않다. 누구나 언젠가는 나이를 먹고 죽는다. 아름다운 꽃도 결국엔 저물고, 발갛게 예쁜 단풍도 굵은 빗줄기에 속절없이 떨어진다. 이처럼 모든 존재는 끊임없는 변화 속에 놓여 있다. 이것이 불교의 첫 번째 가르침이다.

부처님의 두 번째 가르침은 제법무아이다. 제법무아는 나조차도 변해 감을 뜻한다. 세상에 영원하고 불변하는 실체는 없다. 마찬가지로 '나'라는 고정된 실체는 없다. 나는 여러 사람과 인연을 맺어가며 일시적인 '나'로 존재하고 있을 뿐이다. 어제의 나와 오늘의 나는 다르다. 그래서 불교에서는 늘 아집을 버리고 자기를 비워야 한다고 말한다.

부처님의 세 번째 가르침은 일체개고이다. 일체개고는 모든 것이 고통이라는 뜻이다. 이처럼 삶의 진리를 가득 담고 있는 가르침도 없을 것이다. 우리 삶은 왜 고통일까? 집착에 사로잡히기 때문이다. 우리는 영원하지 않은 것을 영원하다고 생각한다. 충족할 수 없는 욕망을 놓지 못한다. 집착을 벗어던지지 못하면 잠시라도 편할 날이 없다. 그래서 삶은 고통의 연속이다.

달리기 훈련 방식은 무수히 많지만 큰 줄기로 보면 두 가지다. 첫째, 달리는 속도를 높이는 훈련. 둘째, 달리는 거리를 늘리는 훈련. 인터벌 훈련은 이 중에 속도를 높이는 훈련에 속한다. 단거리를 빠르게 달리고, 휴식하고, 다시 빠르게 달리고, 휴식하고를 반복한다. 인터벌 훈련도 질주하는 거리나 휴식 시간에 따라 훈련 방법이 아주 많다. 400m를 전력 질주하고, 200m를 천천히 달리며 휴식하는 방법, 200m 전력 질주를 하고, 200m를 천천히 달리며 휴식하는 방법, 이밖에도 다양한 방법이 있다.

크루원분들과 인터벌 훈련을 하는 날이었다. 훈련 내용은 200-200 인터벌. 200m를 질주하고, 200m를 천천히 달리며 호흡을 가다듬는 훈련이다. 이를 20번 반복하면 훈련이 끝난다. 트랙에 도착하자 한 크루원분께서 같은 그룹에서 함께 뛰자고 하셨다. 나보다 비교가 안 되게 잘 뛰는 분이셨다. 민폐가 될까 웃으며 거절하려는 잠깐의 순간에 크루원분께서 한마디 던지셨다.

"비오 씨 저번에 보니까 정말 잘 뛰던데요! 충분히 오늘도 하실 수 있어요!"

칭찬은 고래도 춤추게 한다더니, 한마디 말에 나는 착각에 빠졌다. '그런가? 나도 저렇게 빠르게 뛸 수 있으려나?'라는 건방진 생각을 하며, 귀신에 홀린 듯 대답했다.

"알겠습니다! 해 보죠."

그들과 함께 달리며 하느님, 부처님, 알라신을 모두 만날 뻔했다. 아니, 진짜로 만난 것 같기도 하다. 부처님께서 다가오셔서 나에게 말을 거셨다. 책으로만 배웠던 삼법인설을 부처님의 육성을 통해 들었다.

제행무상. 모든 것은 변해 간다. 제법무아. 나조차도 변해 간다. 처음 트랙을 뛰었을 때는 할 만했다. 거만한 생각을 했다.

'생각보다 쉬운데?'

당연히 아니었다. 한 바퀴, 한 바퀴를 돌 때마다 나는 변해 갔다. 너무 쉽게 변해 갔다. 너무 빨리 변해 갔다. 호흡은 점점 거칠어졌고, 다리는 점점 굳었다. 함께 한 크루분들께서는 내가 포기하지 않도록 애쓰셨다. 달리기 고수 두 분이 내 앞뒤를 햄버거처럼 감싸고 달렸다. 변하지 않는 건 그들의 외침뿐이었다.
"멈추면 안 돼요! 끝까지 달려요!"
사람이 말을 하면 대답하는 게 학교에서 가르치는 예절이지만, 도저히 대답할 힘이 없었다.

일체개고. 모든 것은 고통이었다. 나도 끝까지 달리고 싶었다. 정말 멈추고 싶지 않았다. 하지만 몸이 조금씩 말을 듣지 않았다. 혼자 달렸다면 이미 포기했을 텐데. 오직 나를 위해 앞뒤에서 돕는 분들 때문에 그럴 수도 없었다. 한 바퀴 한 바퀴를 돌 때마다 손가락을 접었다. 모든 손가락을 다 접으면 이 고통은 끝난다. 하나. 둘. 아…. 손가락은 왜 이렇게 많은 거야…. 손가락을 자르고픈 심정이었다.

두 바퀴가 남았을 때, 도저히 안 될 것 같아 포기하려 했다. 200m 전력 질주를 마치고, 천천히 200m를 달리는 구간에서 슬쩍 뒤로 빠져나왔다. 그때 나를 발견한 한 크루원분께서 말씀하셨다.

"비오 님 가운데로 오세요! 조금씩 느려져도 괜찮으니 끝까지 뛰세요."

나만 바라보는 시선과 따뜻한 말에 감동하였다. 조금은 더 뛸 힘이 생겼다. 다시 샌드위치처럼 두 분 사이에 끼인 채로 훈련을 이어 나갔다. 마음속으로 외쳤다.

'딱 두 번만 참자. 딱 두 번만.'

현기증이 나서 도저히 못 따라가겠다 싶을 때 훈련이 끝났다. 겨우 마지막까지 처지지 않고 따라갈 수 있었다. 고수분들을 쫓아가느라 애먹었지만, 덕분에 포기하지 않았다. 숨을 고르고 함께 달린 분과 이야기를 나누었다.

"성공하실 줄 알았어요. 힘드신 게 당연해요. 오늘 쉬운 훈련 아니었어요."

"덕분에 끝까지 뛰었습니다. 그래도 하니까 되네요."

'하면 된다'라는 정주영 회장의 자서전에나 나올 뻔한 말을 내가 하게 될 줄은 몰랐다. 정주영 회장만큼 부자는 아니지만, 정주영 회장보다 달리기는 조금 더 내가 낫지 않을까 생각하며 터덜터덜 집으로 돌아왔다.

# 세상은 둥근 트랙

　신영복 선생님은 현대 사회의 가장 큰 문제를 '관계의 단절'로 보셨다. 나와 긴밀한 관계를 맺은 사람에게 악한 행동을 하기는 어렵다. 현대 사회는 그 관계의 범위가 점점 줄어들고 있다. 이제는 이웃사촌이라는 말도 사라진 듯하다. 바로 옆집에 사는 사람도 잘 알지 못한다. 관계의 지속성이 사라지면 인간은 점점 부끄러움을 느끼지 못한다. 노인에게 막말하는 청소년이 생긴다. 오늘 보고 말 사람이기 때문이다. 옆집 아줌마에게 좋은 투자처가 있다며 사기를 친다. 한탕 크게 사기 치고 떠나면 앞으로 볼 일이 없기 때문이다.

　하지만 조금만 생각을 바꿔 보면 그 어느 때보다도 우리는 긴밀하게 연결되어 있다. 내 공간, 내 생활을 조금만 더 세심하게 살펴보면 고마운 사람들이 무한정 늘어난다. 길에서 무심히 지나치는 이들도, 매번 같은 지하철을 타지만 모른 척 지나가는 이들도, 어쩌면 내 삶에 도움을 주고 있는 존재일지도 모른다.

　더위가 슬슬 자신의 존재를 드러내는 날이었다. 그래도 아직은 밖에서 달릴 만한 날씨였다. 러닝머신 위를 뛸까 잠시 고민했지만, 러닝머신 위의 지루한 풍경이 더위보다 더 싫었다. 유튜브에서 누군가가 잘 편집해 둔 플레이리스트를 틀었다. '유산소는 음악빨, 10km 달리기 핵가능 최애곡들'이라는 제목이었다. 달리기를 시작했다. 귓속에는 제목도 가수도 모르는 노래가 흘러나왔다. 가쁜 호흡이 조금 안정되자 문득 사회 시간에 수업했던 내용이 떠올랐다.

　사회 시간에 우리가 사용하는 제품이 우리 손에 오기까지 어떤 과정을 거치는지 배운다. 우리가 하찮게 여기는 연필도 수많은 과정을 거쳐 만들어진다. 우선 연필의 원료가 되는 나무와 흑연을 마련해야 한다. 그다음 준비한 원료를 가공하여 연필을 만든다. 여기서 끝이 아니다. 공장에서 만들어진 연필은 도매상에게 운반된다. 도매상은 소매상에게 연필을 판매한다. 우리는 그제야 연필을 구매하여 사용할 수 있다.

가수도, 제목도 모르지만 나는 지금 이 음악과 만나고 있다. 이 노래는 나에게 오기까지 어떤 과정을 거쳤을까? 우선 작곡가가 심혈을 다해 노래를 만든다. 작사가는 그 곡에 어울리는 가사를 붙인다. 가수는 작곡가의 의도에 따라 자신만의 개성을 살려 노래를 부른다. 밴드는 각자의 악기를 조화롭게 연주한다. 이런 치열한 과정을 거쳐 음원이 탄생한다. 여기서 끝이 아니다. 음원은 각 음원사이트에서 판매된다. 스트리밍 서비스로 제공되기도 한다.

요즘은 음원을 바로 듣지도 않는다. 다양한 음원을 테마에 맞게 편집하여 유튜브에 올리는 사람들이 있다. 이를 '플레이리스트 크리에이터'라고 한다. 이들은 많은 사람에게 좋은 음악을 발굴하여 전달하는 '음악 전달자' 역할을 한다. 안타깝게도 아직 이들 영상에서 나오는 모든 수익은 원 저작권자에게로 간다. 이를 두고 다양한 의견이 있지만, 나는 생산자뿐만 아니라 전달자도 중요하다고 생각한다. 지식은 생산자뿐만 아니라 지식을 편집하어 전달하는 선달자노 인정받는다. 음악도 언젠가 그런 시대가 오리라 믿는다.

많은 이의 수고를 거쳐 음악은 내 귀를 울린다. 정말 감사한 분들이다. 그들 덕분에 달리기가 훨씬 즐겁다. 스포츠 및 운동 심리학(Psychology of Sports and Exercise) 저널에 실린 연구에 따르면, 신나는 음악을 들으면서 운동하면 운동 효과가 높아진다고 한다. 믿어도 좋다. 내가 이미 수도 없이 실험해 보았다. 가끔 실수로 이어폰을 챙기지 않고 달리러 나가는 날이 있다. 달리는 도중 이어폰 배터리가 바닥나는 때도 있다. 어떤 날은 인터넷 연결이 끊겨서 갑자기 노래가 나오지 않을 때도 있다. 어떤 이유든 내 귓가에 노래가 울려 퍼지지 않으면, 나는 목표했던 거리를 달리지 못한다. 지루함이 엄습하고 속도가 점점 느려진다. 혼자서 거리를 달리는 순간에도 나는 수많은 이들의 도움을 받고 있다.

하루는 동네를 한 바퀴 달리고 있었다. 새벽이라 인적이 드문 거리였다. 차도 거의 다니지 않았고, 사람은 더더욱 없었다. 10분쯤 달리자, 멀리서 한 남자가 보였다. 스포츠 모자, 고글, 싱글렛(민소매), 반바지. 러너가 틀림없었다. 그는 내 쪽으로 달려오고 있었다. 조용히 먼 곳을 보며 지나가려 하는데, 그와 눈이 마주쳤다. 그는 갑작스레 나에게 따봉을 날려 주었다. 당황한 나머지 살짝 고개 숙여 인사하며 지나갔다. 그 순간을 돌이켜 보니 기분이 좋았다. 함께 따봉을 날려 주지 못한 게 조금 죄송하기도 했다. 언젠가 다시 만날 시간이 온다면, 꼭 양손 따봉으로 갚아 드려야겠다는 다짐을 했다.

기회는 금방 찾아왔다. 동네 한 바퀴를 돌고 집 쪽으로 돌아오는 길에 그분을 다시 한번 만났다. 이번에는 기쁜 마음으로 먼저 그분께 양손으로 쌍 따봉을 날려 드렸다.

'멋지십니다!'라는 말도 함께 전하고 싶었지만, 워낙 수줍은 탓에 마음속으로만 외쳤다. 이럴 땐 MBTI에서 I(내향형)보다는 E(외향형)가 더 좋은 것 같다는 생각이 든다. 부끄러워 전하지 못한 마음이 너무나도 많다. 그날 이후 따뜻한 따봉을 날려 주셨던 그분을 만나지 못하고 있다. 그분을 다시 만나고 싶어서 한동안 같은 코스만을 달렸는데도 만나지 못했다. 하지만 믿는다. 우리가 달리기를 멈추지 않는다면 언젠가는 만날 것이라고. 마라톤 대회에서든, 동네에서든, 트랙에서든 한 번은 만날 것이라고. 언젠가 다시 만나는 날 그분께 꼭 전하고 싶다.

"그날 날려 주신 따봉 덕에 온종일 기분이 좋았습니다."

세상은 거대한 둥근 트랙이다.
그곳에서 우리 모두 언젠가는 만난다.

# 1등을 하는 새로운 방법

.

> 우리는 모두 누구도 대체할 수 없는 존재, 없어서는 안 되는 존
> 재가 될 수 있다. 스스로 중요한 존재로 거듭날 수 있다.
>
> - 『린치핀』, 세스 고딘

2024년 8월 파리 올림픽이 열렸다. 우리나라 선수들은 기대했던 것보다 좋은 성적을 내며 많은 국민을 기쁘게 했다. 양궁 선수들은 전종목 금메달을 싹쓸이했다. 아내는 이러다가 올림픽에서 양궁을 없애는 것 아니냐며 호들갑을 떨었다. 펜싱, 사격, 유도, 배드민턴, 탁구, 수영 등 다른 종목 선수들도 많은 메달을 땄다. 선수들이 4년 동안 흘린 땀을 보상받는 것 같아서 기분이 좋다.

메달을 딴 선수들이 시상대에 오르며 짓는 표정을 보는 게 좋다. 환희에 찬 밝은 웃음을 짓는 선수, 기쁨의 눈물을 흘리는 선수, 센스있

는 포즈를 취하는 선수. 저마다의 방식으로 기뻐하는 그들을 보면 나도 함께 기분이 좋아진다. 동시에 나는 그들이 부럽다. 세계 1등을 하면 무슨 느낌일까? 시상대 꼭대기에서 애국가를 부르는 기분은 어떨까? 특히 나보다 어린 금메달리스트를 보면 이런 생각도 든다.

'나는 저 나이에 도대체 뭘 했나….'

나도 금메달 한번 목에 걸어 볼 방법 없을까? 아니면 국가대표라도 한번 되어 봤으면 좋겠는데. 국가대표가 되려면 무엇인가를 잘해야 한다. 그냥 잘하는 게 아니라 우리나라에서 제일가는 정도로 잘해야 한다. 어렸을 때 읽었던 책 한 권이 떠올랐다. 말콤 글래드웰의 『아웃라이어』라는 책이었다. 말콤 글래드웰은 성공한 사람들의 공통점을 찾으려 애썼다. 그는 세 가지 사실을 발견한다. 첫째, 성공에 필요한 것은 재능과 연습이다. 둘째, 재능보다는 연습이 훨씬 중요하다. 셋째, 성공한 이들은 공통으로 한 분야를 1만 시간 이상 연습했다. 그래. 1만 시간이년 나도 국가대표가 될 수 있다. 그럼 1만 시간이 어느 정도지?

1만 시간은 대략 하루 세 시간, 일주일에 스무 시간씩 10년간 연습한 것과 같다.

- 『아웃라이어』, 말콤 글래드웰

하루 세 시간. 일주일에 스무 시간? 생각보다 할 만하다는 생각이 들었다. 좀 더 깊이 있는 분석을 시작했다. 어떤 종목을 해야 할까? 10년 후의 나이를 생각하면, 격한 운동은 힘들어 보인다. 조금만 더 일찍 시작했으면 좋았을 텐데. 40대에 금메달리스트가 있는 종목을 찾아야 한다. 인터넷에 '40대 금메달리스트'라고 검색해 보았다. 찾았다! 내 롤모델! 기사 제목을 소개한다.

오락실 다니던 아이 40대에 금메달리스트, 김관우 "하면 된다."
스트리트 파이터 초대 챔피언 김관우. e스포츠 사상 한국의 첫 금메달리스트

방법도, 종목도 정해졌다. 하루에 세 시간, 일주일에 스무 시간씩 '스트리트 파이터'를 연습하겠다. 이제 아내의 허락만 구하면 된다. 주말에 근사한 식당에서 맛있는 저녁을 먹으며 국가대표가 될 로드맵을 소개하려 했다.

"이제 스트리트 파이터 국가대표를 준비해 볼까 해. 1만 시간의 법칙 알지? 하루 세 시간씩 10년을 하면 된대. 나를 위해, 대한민국을 위해 30대를 바쳐 보려고…. 내가 꼭 국가대표 아내로 만들어 줄게."

이 말을 듣고 허락을 안 해 줄 사람이 어디 있겠는가?

그런데 하필 그 주에 내 희망을 꺾는 유튜브 영상을 보았다. '1만 시

간의 법칙'을 주제로 한 〈슈카월드〉 채널의 영상이었다. '슈카' 님께서는 말씀하셨다.

'내가 게임을 1만 시간 넘게 한다고 임요환이 안 돼요. 1만 시간의 법칙. 이 이론이 어느샌가 쏙 들어가요. 수많은 실증 사례들이 나왔거든. 연습은 어제의 나보다 더 나은 나를 만들지만, 그게 다른 사람보다 낫게 한다는 말은 아니에요.'

난 그의 말에 100% 수긍했다. 초등학교 때부터 지금까지 꽤 많은 시간을 해 온 내 스타크래프트 실력은? 여전히 형편없다. 그의 말은 백번 옳았다. 다시 생각해 보니 '슈카' 님은 내 희망을 꺾은 악인이 아니라 내 시간 낭비를 막아 준 귀인이었다.

그렇게 국가대표의 꿈은 물 건너갔다. 1등 한번 해 보겠다는 꿈은 잊고 살았다. 그런데 달리기를 하면서 1등을 하는 새로운 방법을 깨달았다. 이 방법을 이용하면 누구나 살면서 한 번쯤은 1등을 할 수 있을 것이라 확신한다.

삼일절에 열리는 마라톤을 신청할 때였다. 모든 대회가 그렇듯이 이름, 나이, 출전 거리 등을 쓰는 칸이 있었다. 그런데 키, 봄무게를 적는 칸을 지나 발 사이즈를 적는 칸도 나왔다. '뭐 이런 것까지 물어보지?'라는 생각이 들었지만, 그렇다고 뭐 대단한 개인 정보도 아니었기에 하나하나 정직하게 채워 넣었다. 심지어 마지막엔 MBTI를 적는 칸도 있었다.

3월 1일. 우리 모두에게 의미 있는 날. 인천 송도에서 10km 마라톤을 참가했다. 내 목표는 45분 이내로 들어오는 것이었다. 송도의 매서운 바닷바람에 맞서 최선을 다해 달렸다. 기록은 44분 14초. 목표를 달성했다. 나에게는 굉장히 소중한 기록이기에 몇 등쯤 했을지 궁금했다. 다음 날 성적을 확인할 수 있었다.

나는 1,724명 중 70등을 했다. 내가 그 많던 사람 중에 70등이라니! 굉장히 기분이 좋았다. 그런데 기록증에는 전체 성적만 나온 것이 아니었다. 내가 의심하며 적었던 키, 몸무게, 발 사이즈 등의 항목별 성적이 모두 나왔다.

나는 남자 1,180명 중 57등을 했다. 나보다 잘하는 여자 러너들을 제외하자 13등이 올랐다. 나는 키 183cm 중에서는 무려 2등을 했다! 초등학교 4학년 때 이후로 처음 해 본 달리기 2등이었다. 키 183cm가 총 몇 명이었냐고? 그걸 굳이 알아야겠는가? 총 17명이다. 어쨌든 2등이지 않은가. 그게 뭐가 2등이냐고? 나는 MBTI가 INTP인 사람

중에서도 2등. 몸무게가 76kg인 사람 중에서도 2등이다! 이 정도면 이제 내 실력을 믿겠는가? 아, 몇 명 중에서 2등이냐고? 거참. 그걸 알아야 속이 시원하겠는가? MBTI가 INTP인 사람은 총 37명, 몸무게가 76kg인 사람은 총 22명이었다. 어쨌든 2등이지 않은가! 심지어 나는 1등도 했다. 아까처럼 이삼십 명 중에 1등이 아니다. 무려 74명 중에 1등이다. 나는 동갑 중에 1등이었다. 이름 모를 친구들아! 덕분에 내 평생 처음으로 달리기 1등도 해 본다.

이렇게 1등을 하는 새로운 방법을 깨달았다. 새로운 조건을 계속 넣어 보는 것이다. 내가 마라톤 1등을 할 수 있는 날은 평생 없을 것이다. 그런데 '작은 대회', '동갑'이라는 조건을 추가하니 1등이 되었다. 다른 일도 마찬가지다. 한 분야에서 최고가 되는 건 굉장히 어렵다. 수학적으로 그런 사람은 굉장히 소수다. 어느 분야든지 최고가 되려면 노력에 재능이 더해져야 한다.

그러나 한 가지 분야에 10% 안에 드는 건 재능이 없어도 누구나 할 수 있다. 기억력이 나쁜 나도 열심히 공부하니 선생님이 되었고, 마라톤 대회에서도 순위를 보면 10% 정도는 된다. 한 분야에서 1%가 될 수 없다면, 10%가 될 수 있는 여러 분야를 만들자. 자신의 무기를 하나씩 늘려 나간다면 누구나 대체 불가능한 존재가 될 수 있다. 이게 바로 1등을 하는 새로운 방법이다.

내가 평생을 노력해도 대한민국에서 가장 잘 가르치는 교사가 될 순 없다. 대한민국에는 훌륭한 선생님들이 너무 많다. 내가 마라톤 1등을 하는 것도 이번 생엔 어려울 것 같다. 잘 달리는 사람이 너무나 많다. 그러면 '마라톤 풀코스를 완주한 초등교사'는 얼마나 될까? 그리 많지 않을 것이다. 그러면 두 가지를 합쳐서 '초등교사 마라톤 대회'라는 종목을 만든다면? 내 순위가 많이 올라갈 것이다.

먼 훗날 나는 마라톤 대회를 열 것이다. 참가 조건은 까다롭다. '초등 정교사 1급 자격증이 있고, 책 한 권 이상 출간한 사람만 참여할 수 있는 마라톤 대회'. 이 정도 대회면 내가 우승 후보가 될 수 있지 않을까? 그래도 안 된다면 참가비를 100만 원으로 대폭 올려서 나 말고 아무도 출전하지 않도록 해야겠다. 그럼 1등은 따 놓은 셈이다.

1등 한 번 하려고 그렇게까지 하는 게 의미가 있냐고?
그럼 당연히 있지.
내가 대한민국 최고가 되는데, 기분이 좋잖냐!

# 갓생과 소확행

TV 광고에서 "오늘부터 갓생 산다!"라는 문장을 들었다. 처음 보는 낯선 단어에 궁금증이 생겼다. 갓생이 뭘까? 곰곰이 생각해 보았다. 모르는 단어는 앞뒤 문맥으로 추론하는 것이 지성인의 기본자세지. 광고 속 인물이 열심히 하루를 보내는 걸 보면 나쁜 뜻은 아니겠군. 갓은 김삿갓의 갓은 아닐 것이고, GOD일 확률이 90% 정도 되겠군. 역시나 그럼 좋은 뜻이겠군. 신의 삶일까? 음. 모르겠다. 그냥 좋은 거로 생각하자.

그렇게 넘어갔지만, '갓생'이란 단어는 계속 내 눈에 띄었다. SNS 글에서, 유튜브 영상에서, 심지어 책 제목에도 등장했다. 언어는 사회적 약속이기에 이 정도로 많이 쓰는 단어는 알아야겠다고 생각했다. 나보다는 훨씬 요즘 말을 잘 아는 아내에게 물어봤다.

"갓생이 뭐야?"

"요즘 갓생 산다고 많이 하잖아."

"그래서 갓생이 무슨 뜻이야?"

"열심히 사는 거를 요즘 갓생 산다고 해!"

그렇구나. 그래도 절반은 맞았다. 좋은 뜻이니까.

갓생은 'God'와 '인생'을 합친 신조어라고 한다. 사전에 없어서 정확한 정의를 내리기는 어렵지만 '실천 가능한 범위에서 열심히 살자'라는 의미인 것 같다. 어려운 목표보다는 소소한 계획을 세우고 실천해나가며 생산적으로 살아가려는 의지를 반영한 단어이다.

언젠가부터 여름이 말도 안 되게 더워졌다. '여름이니까 덥지'라는 말로 위로가 되지 않는다. 말 그대로 살인적인 날씨다. 이런 여름에 달리는 것은 굉장히 위험하다. 호흡이 평소보다 훨씬 가빠지고, 의식이 흐릿해진다. 일사병이나 열사병에 걸릴 수도 있다. 그러나 많은 러너들은 여름에도 달리기를 포기하지 않는다. 그들은 태양보다 부지런해지길 선택한다. 태양이 눈을 뜨기 전 새벽에 나와서 달리거나, 태양이 완전히 잠에 빠져든 한밤중에 달린다. 더운 날씨는 그들에게 더 이상 핑계가 되지 않는다.

나도 그들처럼 되고 싶었다. 새벽에 일어나서 달리기로 결심했다. 새벽 6시에 알람을 맞추고 잠이 들었다. 처음엔 알람 소리를 듣자마자 끄고 계속 잠을 잤다. 그래도 알람을 계속 맞춰 두니 일주일에 한 번쯤은 일어나서 달리게 되었고, 그 빈도도 계속 늘어 갔다. 지금은 특별히 피곤한 날이 아니면 새벽에 일어나 달리기를 하고 출근 준비를 한다.

러너들뿐만이 아니다. 이른 아침 공원을 달리며 축구장, 야구장, 풋살장, 테니스장, 농구장을 지난다. 어느 하나 비어 있는 곳이 없다. 이른 아침부터 공놀이를 위해 부지런히 모인 사람들. 아무리 내가 일찍 나와도 이미 그들은 그 자리를 지키고 있다. 새벽을 달리면서 느꼈다. 우리나라엔 정말 부지런한 사람이 많다는 것을. 그들에겐 굳이 '갓생'이라는 단어가 필요한가 의문이 든다. 그냥 '인생'이라는 단어도 충분하지 않을까? 인간이야말로 진정으로 열심히 살고 있으니까.

군대에 있을 때, 동기가 재밌게 읽었다며 책 한 권을 빌려주었다. 책 제목은 『죽고 싶지만 떡볶이는 먹고 싶어』였다. 평소에 책을 많이 읽던 동기였기에 믿고 읽었지만, 큰 감명은 받지 못했다. 책을 다 읽고

돌려주자, 동기가 물었다.

"책 어땠어?"

"음, 뭐… 좋았어."

그는 내 대답에 만족하지 못한 듯 툴툴댔다.

"겨우 그 정도야? 이 책이 요즘 베스트셀러 1위라고."

그러고는 한마디를 더했다.

"나도 이 책의 작가처럼 소확행을 찾기 위해 노력해야겠어."

"소확행? 그게 뭐야?"

소확행의 뜻을 묻는 내게, 동기는 답답하다는 듯 길게 설명했다.

"소확행을 모른단 말이야? '소소하지만 확실한 행복'이란 뜻이잖아. 올해 출판사에서 꼽은 키워드 1위라고."

그 말을 듣자마자 하루키의 에세이집 『이렇게 작지만 확실한 행복』이 떠올랐다. 이 책은 국내에 1999년에 출간되었으니, 거의 20년 전에 하루키는 우리나라 출판계의 핵심 키워드를 예견하고 있었던 셈이다. 그는 책에서 이렇게 말했다.

"작지만 확실한 행복이 없는 인생은 메마른 사막에 지나지 않는다고 나는 생각한다."

이 말은 소확행이 유행하면서 가장 널리 알려진 하루키의 말이다. 하지만 나는 하루키의 소확행과 떡볶이를 먹으면서 느끼는 소확행을 완전히 다르게 받아들인다. 하루키가 소확행을 얻는 과정을 잘 알기 때문이다. 하루키의 소확행은 그냥 소확행이 아니다. '갓생'을 살며 느끼는 '소확행'이다. 하루키는 말한다. '작지만 확실한 행복'을 찾기 위해서는 철저한 자기 규제가 필요하다고.

하루키는 음악을 좋아한다. 그의 글을 사랑하는 사람이라면 누구나 알고 있는 사실이다. 하루는 그가 동네 레코드 가게에서 좋아하는 가수의 오리지널 레코드판을 발견했다. 비싼 가격이었지만 충분히 살 수 있었다. 하루키는 그 레코드판을 사려고 가게에 들어가다가 잠시 생각에 빠진다. 그는 '좋아하는 것이라면 무엇이든 절제 없이 사도 되는가?' 스스로 질문을 던지고 그건 아니라는 결론을 내린다. 결국 그는 발길을 돌렸다.

그 후 몇 년이 지났다. 하루키는 여행 중에 중고 레코드 가게에 들렀다. 그곳에서 그는 예전에 자신이 절제하며 사지 않았던 레코드판을 발견했다. 전에 사려고 했던 가격보다 비교도 안 될 만큼 저렴했다. 이렇게 싼 가격에 다시는 이 레코드판을 구하지 못할 것이라 확신하며 하루키는 그 레코드판을 샀다. 그리고 생각했다. '너무도 작지만 확실한 행복'이라고.

많은 사람이 하루키의 이런 면을 보지 못하고, '작지만 소소한 행복'에만 집중한다. 떡볶이를 먹는 것은 분명 행복한 일이지만, 잠시 후면 배불러질 것이고 행복은 그리 오래가지 못할 것이다. 하루키의 '랑겔한스섬의 오후'라는 글에서는 요즘에 사람들이 말하는 소확행과 비슷한 대목도 나온다.

'갓 구운 빵을 손으로 찢어 먹는 것, 서랍 안에 반듯하게 접어 넣은 속옷이 잔뜩 쌓여 있는 것, 새로 산 정결한 면 냄새가 풍기는 하얀 셔츠를 머리에서부터 뒤집어쓸 때의 기분….'

하루키는 하루도 빼지 않고 5km에서 10km를 달린다. 매일 10km를 뛰고 나서 샤워를 하기 전 반듯하게 접힌 속옷을 보며 행복해하고, 샤워를 마친 뒤 셔츠를 입으며 코끝을 감싸는 정갈한 면 냄새에 행복해한다. 거실로 나와서 갓 구운 빵을 손으로 찢어 먹으며 다시 한번 기쁨을 느낀다. 10km를 뛰고 와서 먹는 빵과 방 안에서 누워 있다가 먹는 빵은 다를 것이다. 꼭 노력이 있어야 행복을 얻는 것은 아니겠지만, 노력한 후에 만나는 행복은 분명 공허하지는 않을 것이다.

하루하루를 열심히 살아가는 것과 행복을 누리는 것은 서로 대척점에 있지 않다. '갓생'과 '소확행'을 모두 이룰 수 있다. 이름하여 '갓확행'. '갓확행'은 누구나 얼마든지 만들어 낼 수 있다. 금요일 저녁 10km를 달리고 마시는 맥주. 따스한 봄날 여의도를 달리며 보는 벚꽃. 더운 여름 해변을 달리다가 뛰어드는 시원한 바다. 꼭 달리기가 아니어도 좋다. 모두가 자기만의 '갓확행'을 만들며 행복과 보람을 느끼면 좋겠다. 이젠 '소확행' 시대는 끝나고 '갓확행' 시대가 올 것이다.

## 중요한 것은 꺾이지 않는 마음

2022년 카타르 월드컵 H조 예선. 대한민국 대표팀은 최악의 상황에 빠졌다. 첫 번째 경기 우루과이전에서 무승부를 거두고, 두 번째 가나전에서 패배했다. 1무 1패의 상황. 자력 진출은 이미 물 건너갔다. 대한민국이 16강에 진출하지 못할 것이라는 의견이 많았다. 나도 같은 생각이었다. 대한민국이 16강에 진출하기 위한 조건이 너무 까다로웠다. 우선 유럽의 강호 포르투갈을 상대로 무조건 이겨야 한다. 그리고 우루과이가 가나를 이기길 간절히 기도해야 한다. 끝이 아니다. 우루과이가 가나를 너무 큰 점수 차로 이기면 안 된다. 전문가들은 그 모든 조건이 맞아떨어져 우리나라가 16강에 갈 확률을 9% 정도로 보았다. 9%가 어떤 확률일까? 한국 지리 1타 강사 유튜버 문쌤의 말을 들어 보자.

"우리나라가 16강에 올라갈 확률이 9%라 그랬어. 9%가 어떤 확률이야?

오른손잡이 부모 밑에서 왼손잡이 자녀가 태어날 확률이 9%야.

무자녀 신혼부부가 주택 청약에 당첨될 확률이 9%야.

커피를 많이 마셨을 때 전립선암이 예방될 확률이 9%고,

한 사람이 250년 동안 매일 로또 샀을 때 당첨될 확률이 9%야.

9%가 절대 낮은 확률이 아니라는 거야.

중요한 건 꺾이지 않는 마음이야."

<유튜브 채널 - 빠더너스>

역시 1타 강사는 달랐다. 괜히 1타가 아니었다. 이런 감동적인 설명을 보면, 내가 교사의 자질이 있는 건지 자괴감이 든다. 게다가 9%의 확률도 긍정하는 동기부여까지! 나는 얼마나 더 노력해야 아이들에게 저런 감동적인 메시지를 전할 수 있을까. 나도 문쌤의 말을 듣고 지금까지 주택 청약을 포기하지 않았다. 무자녀 신혼부부가 주택 청약에 당첨될 확률이 9%니까. 9%는 절대 낮은 확률이 아니니까.

태극전사들은 다시 한번 문쌤의 말을 증명했다. 9%는 결코 낮은 확률이 아니었다. 경기 시작 5분 만에 포르투갈에 첫 골을 빼앗겼지만,

태극전사는 포기하지 않았다. 끈질기게 따라붙어 동점 골을 만들어 냈다. 동점으로는 부족했다. 우린 반드시 이겨야 했다. 선수들은 끝까지 최선을 다했다. 마침내 추가 시간에 황희찬 선수가 역전 골을 넣었다. 대한민국 축구 대표팀의 끈기에 많은 국민은 감동했다. 대한민국 선수들 모두가 정말 자랑스러웠다.

처음엔 그냥 아무 생각 없이 달렸다. 달리는 순간이 좋았고, 속도는 신경 쓰지 않았다. 꽤 많은 시간을 달리다 보니 자연스레 궁금해졌다. '내 달리기 실력이 어느 정도 될까?'. 확인하는 방법은 간단했다. 마라톤 대회에 참가해 보는 것이다. 대회는 다른 사람과 실력을 겨루는 장이다. 올림픽 마라톤 대회도 수많은 선수가 메달을 목표로 달린다. 하지만 아마추어에게 마라톤 대회란 나 자신과 싸움이다. 내 경쟁 상대는 '과거의 나'이다. '과거의 나'는 의외로 승부욕을 자극한다. 그 누구와의 대결보다 긴장된다. 졌을 때 분통함도 크다. 요즘 내 삶의 목표는 '과거의 나'를 이기는 것이다.

기록이 좋아질수록 더 잘 달리고 싶어졌다. 무작정 달려서는 '과거의 나'를 이기기 힘든 시기가 다가왔다. 그때부터 다양한 훈련 프로그램을 찾아보았다. 즐거운 달리기에 심장이 터질 듯한 달리기를 곁들였다. 그 누구도 시키지 않았다. 더 나은 내 모습을 보고 싶어 나 스스로 선택한 일이다. 가끔은 너무나 힘들 때도 있다. 햇빛이 강렬하게 나를 공격하고, 목에서 피 맛이 나고, 다리는 점점 말을 듣지 않고, 팔을 앞뒤로 움직이는 것조차 힘들 때. '이거 내가 할 수 있는 거 맞아?', '아무래도 나는 안될 것 같은데?', '이러다 나 쓰러지는 것 아니야?' 좌절에 빠지려는 순간. 그때 나는 태극전사들을 생각한다. 그리고 마음속으로 한 문장을 반복해서 되뇐다.

'중요한 건 꺾이지 않는 마음'.

손흥민, 황희찬, 김민재 선수가 '맹비오'를 알까? 그럴 리 없다. 태극전사들은 내 존재 자체를 모른다. 하지만 나는 그들에게 힘을 받는다. 체력이 바닥나고, 다리가 움직이지 않을 때 나는 대한민국 선수들을 떠올린다. 그들은 국가대표가 되기까지 얼마나 많은 땀을 흘렸을까. 내가 겪는 이 고통보다 훨씬 심한 고통도 모두 이겨 냈겠지. 남은 훈련 시간을 생각해 본다. 길어 봤자 30분이다. 그래. 딱 30분만 버티자. 이걸 못 하면 나는 선생 자격도 없다. 그래도 점점 속도가 줄어든다. 몸이 말을 듣지 않는다. 오늘은 그만둘까 생각이 들면, 다시 한번 마음속에 한 문장을 품고 버틴다.

'중요한 건 꺾이지 않는 마음'.

겨우겨우 달리기를 마치면 뿌듯함이 몰려온다. 나도 태극전사가 된 것 같은 기분을 느낀다. 그리고 철없는 생각을 해 본다. '나랑 손흥민 선수랑 10km를 달리면 누가 이길까?'. 철없는 생각이 끝나면 가끔 속 깊은 생각도 한다. '나도 누군가에게 이렇게 힘을 주는 존재가 되면 좋겠는데….' 그때 머릿속에 우리 반 아이들이 생각난다. 매일 나를 바라보고 있는 그 아이들에게, 과연 나는 힘이 되고 있는가? 혹시 나는 그 아이들 앞에서 포기하는 모습을 보여 주진 않았는가? 정신이 바짝 든다. 아이들에게 희망을 주지는 못할지라도, 좌절을 보여 주진 않겠다고 다짐한다. 그래서 오늘도 달린다.

Tonight
내가 작은 꿈이 될게
누군가에게 또

누군가
나에게 힘이 되어 주오
한 줄기 희망이 되어
Fly
I never die

Hope

I never give up


Fly

I never die


Hope

I never give up

&lt;warrior - 오월오일&gt;

# 의미 있는 고통이라면


　그리스 신화에 시시포스라는 인물이 나온다. 시시포스는 바람의 신 아이올로스와 그리스인의 시조 헬렌 사이에서 태어났다. 그는 코린토스라는 나라를 세웠다. 시시포스는 백성을 위하는 좋은 군주였지만 그리스의 신들은 그를 좋아하지 않았다. 시시포스가 신들의 말을 엿듣기 좋아했고, 신을 자주 기만했기 때문이다. 헤르메스를 고자질하기도 했으며, 하데스를 속이기도 했다. 결국 하데스는 시시포스에게 저승에서 산기슭에 있는 큰 바위를 산꼭대기까지 밀어 올리는 형벌을 내린다.

　시시포스는 있는 힘을 다해 바위를 산꼭대기로 밀고 갔다. 꼭대기에 도착하자마자 바위는 그의 손에서 벗어나 언덕 아래로 굴러떨어진다. 그는 다시 내려가 그 바위를 산꼭대기로 올린다. 바위는 또다시 제자리로 내려온다. 시시포스는 이를 계속 반복해야 했다. 절대로 바위를 언덕 정상 위로 올려놓을 수 없다는 것을 알면서도 영원히 바위를 굴려야 한다. 절대로 끝나지 않을 것을 알면서도 바위를 굴리는 시시포스의 마음은 어떨까?

달리기 훈련은 다양하다. 그중 내가 가장 싫어하는 훈련은 업힐 훈련이다. 업힐 훈련은 마라톤 대회에서 피할 수 없는 언덕길을 대비하는 훈련이다. 출발선에서 200m 정도의 오르막길을 빠르게 달려서 올라간 뒤, 천천히 다시 내려온다. 출발선에 도착하면 다시 오르막길을 달리고, 도착하면 또다시 내려온다. 이를 10~12회 정도 반복한다. 200m는 그리 긴 거리가 아니다. 누구나 달릴 수 있는 거리다. 그러나 오르막길이라면 말이 달라진다. 완만한 평지를 뛸 때보다 훨씬 다리에 큰 부담을 준다. 심박수도 금방 높아진다. No pain, No gain이리지만, 가느다란 두 다리를 가진 나는 언덕이 너무나 싫다.

두 번째로 내가 싫어하는 훈련은 트랙 장거리 훈련이다. 장거리를 달릴 땐 보통 넓은 공원에서 달린다. 공원을 크게 한 바퀴 돌면 보통 3km에서 5km 정도가 된다. 20km를 달린다고 하면 4바퀴에서 7바퀴 정도를 돌면 된다. 하지만 트랙은 한 바퀴가 400m밖에 되지 않는다. 5바퀴를 돌아도 2km밖에 되지 않는다. 20km를 달리려면 50바퀴를 달려야 한다. 25바퀴를 돌아도 25바퀴를 더 달려야 한다. 이건 과연 훈련인가 얼차려인가?

트랙 훈련의 장점도 있다. 우선 길이 매우 평평하다. 언덕이 전혀 없고, 달리기 매우 좋은 환경이다. 또한 기록을 측정하기 좋다. 요즘은 GPS 시계가 성능이 아주 좋다. 어디에서나 속도와 거리를 정확하게 측정할 수 있다. 그래도 트랙에서 달리는 것보다 정확하진 않다. 대부분 트랙이 1레인에서 달리면 400m이다. 거리도, 속도도 더 정확하게 측정할 수 있다. 내 실력이 어느 정도 향상되었는지 확인할 때는 트랙에서 달려 보는 게 가장 좋다.

업힐 훈련과 트랙 훈련의 공통점이 있다. 엄청나게 지겹다. 지겨워 죽겠다. 마치 시시포스의 형벌을 받는 기분이 든다. 달릴 때마다 생각한다. '이거 왜 이렇게 안 끝나나.', '내가 이걸 언제까지 해야 하나.' 숨이 차고, 다리가 조금씩 굳어 가는 육체적 고통보다, 끝나지 않는 지겨움이 주는 정신적 스트레스가 훨씬 더 괴롭다. 정상에서 다시 땅으로 굴러떨어지는 바위를 보며 시시포스는 어떤 표정이었을까? 나처럼 일그러진 표정이었을까? 쓸데없는 생각의 마지막엔 근본적인 물음이 있다.

'내가 도대체 지금 이걸 왜 하고 있나.'

소설가 '알베르 카뮈'는 시시포스를 부조리의 영웅이라고 한다. 아무리 벗어나려고 애를 써도 끝나지 않는 영겁의 고통. 시시포스는 그 고통 속에서도 절망하지 않는다. 시시포스는 그저 성실하게 돌을 밀어 올리고 굴러떨어지는 돌과 함께 다시 내려온다. 끝이 없는 이 싸움을 반복한다. 카뮈는 시시포스의 이런 성실과 노력을 부조리에 대한 저항으로 본다. 카뮈는 말한다.

"삶을 부정적으로 바라보지 않고 있는 그대로 받아들일 때, 성실과 노력을 '구속'이 아니라 '자유'로 인식할 때, 우리의 삶은 순수해진다."

행복은 아무런 고통이 없는 상태가 아니다. 행복은 영원한 쾌락의 상태도 아니다. 아무런 고통도 없는 세상, 모두가 온종일 기쁨이 넘치는 천국 같은 세상은 지금까지 없었고, 앞으로도 없을 것이다. 삶은 고통과 쾌락의 칵테일이다. 고통 없이 쾌락만 가득한 유토피아를 찾기 위해 방황해선 안 된다. 고통 속에서도 의미를 찾고, 행복을 발견해야 한다.

니체는 말했다. 인간이 견디지 못하는 고통은 바로 '무의미한 고통'이라고. 반대로 '의미 있는 고통'이라면 인간은 얼마든지 이겨 낼 수 있다고. 니체의 말을 듣고 내가 그토록 힘들게 달리는 이유를 깨달았다. 그만큼 달리기는 나에게 의미 있는 행동이다. 달리기는 내가 스스로를 믿게 해 주었다. 내가 나를 좀 더 사랑하게 해 주었다.

목표를 세우고 제대로 이뤄 낸 적이 없다. 스스로가 정한 승부에서 실패하고, 또 실패했다. 나를 믿을 수 없었다. 믿자고 되새길 뿐이었다. '이번엔 반드시 해낸다!', '나를 믿자!'라는 다짐을 하고, 또 했다. 그만큼 나를 믿지 못하기 때문이었다. '나를 믿을 수 있는가?'라는 질문에 단호하게 '네.'라는 대답을 할 수 없었다.

달리기를 하며 변화할 수 있다는 믿음이 생겼다. 최선을 다해 달리다 보니 변하는 나 자신이 당연하게 받아들여졌다. 굳이 '나를 믿자'라고 되뇌지 않아도 저절로 나를 믿게 되었다. 이젠 부족한 내가 부끄럽지 않다. 오히려 부족함을 보완해 갈 수 있는 내 잠재력을 사랑한다. 하면 된다는 마음이 자연스러워졌고, 도전을 오히려 기다리고 반긴다.

수험 시절에 봤던 한 영상이 떠올랐다. 인터넷 강의 회사 '메가스터디'의 손주은 회장이 강사 시절 수험생들에게 쓴소리하는 영상이다.

손주은 회장도 고통의 의미에 대해 역설했다.

"내가 분명히 한마디 하겠는데, 인생에서 쉽게 얻을 수 있는 모든 것들은 다~ 나쁜 일이야. 밤새 오락하고 나오면 환희가 밀려오냐? 밤새 만화책 보고 나면 세계를 얻은 것 같더냐? 아니잖아! 쉽게 얻을 수 있는 모든 것들은 다~ 나쁜 거야. 정말 고통스럽고 힘든 일들, 정말 너무나 힘들 것 같은 일. 그런 일을 하고 나면 정말 의미를 얻고, 환희를 느낄 수 있어. 인생에서 고통스럽고 힘든 일을 선택할 수 있는 지혜를 배워야 해."

나는 손주은 회장과 생각이 다르다. 삶의 고통을 긍정하며 즐길 수 있는 존재는 되지 못한다. 고통은 최대한 피하고 싶고, 아픈 건 딱 질색이다. 고통스러운 일과 그렇지 않은 일이 있다면 난 당연히 고통스럽지 않은 일을 선택할 것이다. 아무래도 회장님은 못 될 팔자다. 그래도 달리기를 하고 난 뒤, 그의 말이 조금은 이해가 된다. 가끔은 내 삶의 의미를 찾기 위해 고통스럽게 달린다. 더 숨차게, 더 지겹게, 더 오래도록 달린다. 고통의 시간을 견디고 나서 느끼게 되는 성취의 희열을 기다린다. 삶의 작은 형벌을 웃으며 받아들이는 나만의 방식이다. 달리기는 그만큼 의미 있는 일이니까. 의미만 있다면 우린 고통 속에서도 얼마든지 춤을 출 수 있는 존재니까.

# 하루를 기억하는 특별한 방법

1936년 8월 9일. 우리나라의 손기정 선수가 베를린 올림픽 마라톤 경기에서 금메달을 목에 건 날이다. 그날 베를린 올림픽 스타디움에 서는 애국가가 아닌 일본 국가가 울려 퍼졌다. 손기정 선수의 가슴에 는 태극기가 아닌 일장기가 그려져 있었다. 손기정 선수는 금메달을 따고도 고개를 푹 숙였다. 그는 오직 금메달리스트에게만 주어지는 월계수 화분을 가슴에 새겨진 일장기를 가리는 데 사용했다. 치욕과 절망을 느낀 손기정 선수는 이날 이후 다짐했다.

"다시는 마라톤을 하지 않겠다."

그날 시상대에 함께한 우리나라 선수가 있다. 동메달을 딴 남승룡 선수이다. 남승룡 선수는 손기정 선수의 선배이자 라이벌이다. 그는 손기정 선수와 막역한 사이였다. 시상대에 선 남승룡 선수는 손기정 선수가 너무나 부러웠다고 한다. 그가 부러웠던 건 손기정 선수의 금메달이 아니라, 일장기를 가릴 수 있는 월계수 화분이었다. 가슴 그려진 일장기를 가리지 못한 남승룡 선수는 세계 3위를 하고도 굳은 표정으로 고개를 떨구고 있다.

56년 뒤 같은 날. 1992년 8월 9일. 바르셀로나 올림픽에서 황영조 선수가 금메달을 땄다. 그날 황영조 선수는 당당히 태극기를 가슴에 품고 시상대에 올랐다. 바르셀로나 경기장에는 애국가가 울려 퍼졌다. 황영조 선수는 손기정 선수와 남승룡 선수의 치욕을 씻어 냈다. 이후 8월 9일은 우리나라 마라톤 역사를 상징하는 날이 되었다. 지금도 8월 9일이 되면 많은 러너들은 8.9km를 달린다. 가슴 아픈 역사의 날이자 영광의 날을 되새기는 러너들의 방식이다.

1945년 8월 15일. 대한민국에 빛이 돌아온 날, 광복절. 수많은 러너는 8.15km를 달리며 그날을 기념한다. 지금의 대한민국을 만들어 주신 수많은 분들께 감사의 마음을 건넨다. 달리는 가수 '션' 씨는 이 마음을 모을 방법이 없을까 고민했다. 그는 광복의 의미를 다시금 되새기는 마라톤 대회를 열기로 한다. 바로 815런. 그는 직접 81.5km를 달렸다. 새벽 5시부터 시작한 이 도전은 9시간이 지나서야 끝났다. 풀코스 42.195km의 거의 두 배에 달하는 거리, 한여름의 뜨거운 날씨를 모두 이겨 내며 그는 완주에 성공했다. 완주 후에 그는 말했다.

"감히 비교할 것은 아니지만 독립투사분들에게 우리가 빚진 게 너무 많기 때문에, 그분들에게 나의 최선의 것을 드린다는 마음으로 끝까지 했습니다."

'815런'으로 모인 후원금 전액은 독립 유공자 후손분들 집을 짓는 데 쓰인다. 현재 16채를 지어 드렸고, 지금도 계속 집을 짓고 있다고 한다.

어쩌면 달리기가 세상을 바꿀지도 모른다.

좀 더 가벼운 달리기도 있다. 내 생일을 스스로 자축하는 생일런. 4월이 생일인 나는 4km만 달리면 된다. 이럴 땐 12월이 생일이 아니라서 다행이라는 생각이 든다. 크리스마스를 기념하여 12.25km를 달릴 땐 예수님을 원망하기도 한다.

"예수님, 몇 달만 좀 더 일찍 태어나시지…."

봄의 크리스마스, 여름의 크리스마스, 가을의 크리스마스를 떠올려본다. 아무리 생각해도 크리스마스는 겨울이어야 제맛인 것 같다. 생각을 고쳐먹고 바로 회개한다.

"예수님, 죄송합니다. 아무래도 크리스마스는 추운 겨울인 게 좋겠네요. 차라리 제가 좀 더 달리겠습니다."

2024년 1월 1일. 어떻게 하면 의미 있는 새해를 맞이할까 고민하고 있을 때, 러닝크루 단톡방에서 한 메시지를 보았다.

"혹시 내일 20.24km 함께 달리실 분 없나요?"

당시 나에게는 조금 긴 거리였지만, 도전해 보고 싶었다. 답장을 보냈다.

"저도 달리겠습니다!"

다음 날 송도의 센트럴 파크에서 20.24km를 달렸다. 힘들었지만, 함께라서 달릴 수 있었다. 20km를 지나고선, 20.24km를 정확히 맞추기 위해 스마트 워치에 눈을 고정한 채 달렸다. 한 걸음, 한 걸음을 아주 신중하게 달렸다. 마지막 20.23km에선 거의 종종걸음으로 달렸다. 잠시 후 스마트 워치에 20.24라는 글씨가 뜨자 잽싸게 발을 멈췄다. 아주 의미 있는 새해였다. 뒤를 돌아보니 한 분께서 매우 아쉬운 표정으로 탄식하고 있었다.

"아이고! 20.25km 돼버렸네요!"

다른 분께서 센스 있는 답변을 해 주셨다.

"내년엔 안 뛰셔도 되겠네요."

우리의 하루하루는 그저 흘러간다. 지난 기억은 시간이 가며 조금씩 희미해진다. 소중한 순간, 내가 읽은 책, 추억이 담긴 멋진 장소, 소중한 순간들. 모든 것이 흐릿해진다. 기억을 흘려보내지 않고, 기록했다면 좋았을 텐데 많이 후회된다. 이제부터라도 기록하기로 했다. 읽은 책은 서평으로 남겼다. 흐릿한 기억은 글로 남겼다. 소중한 순간은 멋진 사진으로도 남겼는데, 구도가 너무 엉망이었다. 그림으로 기록하는 하루도 참 근사할 텐데…. 재주가 없어 서럽다. 그나마 글이라도 쓸 수 있어 다행이다.

수많은 기록의 방법에 달리기 하나를 추가해 봐도 좋을 것 같다. 직접 내 두 발로 기록하는 하루는 좀처럼 잊히지 않는다. 달리기 어플에서 과거 기록을 보면 그날 기억이 생생히 떠오른다. 그날의 날씨, 달린 거리, 달린 장소, 함께한 사람, 그날의 분위기까지.

그래서 내가 생각해 본 사업 아이템을 소개한다.
바로 '대신 달려 주는 남자'.

'기념일 대신 달려 드립니다!
꼭 기념하고 싶은 날이 있나요?
나에게 의미 있는 소중한 하루가 있나요?

그런 날 제가 대신 달려 드립니다.

1월 1일부터 12월 31일까지 모두 가능합니다!

대신 달려 주는 남자.

지금 바로 신청하세요!'

가격은?

돈 받긴 좀 애매한 서비스지요?

뭐… 까짓것, 무료로 해 드리지요.

# 3장

# 달리기,

# 수지맞는 장사잖소

아무리 큰 집에 산다고 해도, 더 넓은 세상은 집 밖에 있다.

집이 좁다면 세상을 내 집처럼 이용하면 된다.

세상 여기저기를 자유롭게 달릴 수 있으면 그게 다 내 땅이 아니겠는가?

달리는 순간, 온 세상은 나의 것이다.

# 최고의 다이어트 비법

군대에 들어가서 첫 체력 측정을 하던 날. 정말 내 몸이 저질이라는 걸 깨달았다. 팔굽혀펴기, 윗몸일으키기, 달리기. 어느 하나 제대로 한 게 없었다. 그땐 정말 왜 그렇게 힘들었을까? 얼마 전 입대하는 날 찍은 사진을 보고 해답을 찾았다. 입대 날 함께 와 준 친구와 찍은 사진이었다. 사진 속 내 모습이 정말 낯설었다. 빡빡 깎은 머리도 문제였지만, 뒤룩뒤룩 살이 붙은 모습이 정말 흉측했다. 입대 날이 정해지고, 매일같이 폭식을 일삼았던 생활 습관이 그대로 몸에서 드러났다. 몸이라기보단 덩어리에 가까웠다. 저런 몸으로 체력 측정을 했으니, 당연히 힘들 수밖에….

내 몸은 아주 정직하다. 먹으면 모두 살로 간다. 덜 먹으면 금세 살이 빠진다. 잠시 내 몸무게 변천사를 소개한다. 초등학교 저학년 때까진 저체중에 가까웠다. 많이 먹어도 살이 찌지 않는 체질이었다. 그런데 '사슴 한 마리'라는 한약을 먹고 난 뒤, 살이 찌기 시작했다. 초등학교 4학년 때 먹는 걸 좋아하는 친구와 가깝게 지냈더니, 급격하게 살이 쪄서 비만이 되었다. 그때부터 살이 쪘다가 빠졌다가를 무수히 반복했다. 성인이 되고도 80kg이 넘는 뚱뚱한 사람으로도 살아 보기도 하고, 70kg도 안 되는 마른 사람으로도 살아 보기도 했다. 지금은 그 중간쯤인 75kg 정도를 유지 중이다.

여전히 먹는 걸 좋아한다. 정확히 말하자면 폭식을 좋아한다. 치킨 한 마리는 뭔가 조금 부족하다. 차라리 두 마리를 시켜서 남기는 게 낫다. 술도 즐긴다. 맥주, 소주, 막걸리, 와인 상관없이 좋아한다. 맛있는 음식에 술이 빠지면 소화가 잘 안 된다. '살기 위해 먹는가? 먹기 위해 사는가?'라는 물음에 쉽게 답을 하기 어렵다. 먹고, 마시는 것은 내 삶의 큰 기쁨이다. 그럼에도 현재는 꽤 날씬한 몸을 유지하고 있다. 폭음과 폭식에 맞서는 나만의 비법은 바로 달리기다.

다이어트에 관해선 이론이 너무 많다. 다이어트는 운동만 열심히 하면 된다. 아니다. 다이어트에서 중요도를 따지면 운동 10% 식단 90%이다. 아무리 운동을 많이 해도 소용없다. 식단 조절을 꼭 해야 한다. 야채를 위주로 먹어야 한다. 아니다. 단백질 섭취를 위해 고기를 위주로 먹어야 한다. 지방을 적게 먹어야 한다. 아니다. 지방은 몸에 나쁘지 않고, 오히려 탄수화물을 적게 먹어야 한다. 아니다. 탄수화물은 가장 효율적인 에너지원이니 꼭 섭취해 주어야 한다. 살을 빼려면 유산소 운동이 좋다. 아니다. 강도 높은 무산소 운동이 좋다. 아니다. 무산소 운동을 먼저 하고 유산소 운동을 해 주는 게 좋다. 수많은 사람이 여전히 논쟁 중이다. 논쟁은 학문의 발전에 필수적이지만, 나는 끼고 싶지 않다. 안 그래도 머리 아픈 세상 더 이상 싸우고 싶지 않다. 누군가가 나에게 달리기가 체중 감량에 효과적이지 않다며 논쟁을 걸어온다면 이렇게 답하고 달리기나 하러 갈 테다.

"네네. 당신 말이 다 맞습니다."

하지만 변치 않는 사실이 하나 있다. 나는 달리기를 하며 살이 많이 빠졌다. 매일같이 달리면서 몸무게 걱정이 사라졌다. 여전히 많이 먹고 있지만, 살은 조금씩 빠진다. 오히려 아내는 살이 너무 빠진 것 아니냐고 나를 걱정한다. 아내의 걱정을 덜어 주기 위해 열심히 폭식 중이다. 그렇게 더 찌지도, 더 빠지지도 않도록 유지하고 있다. 지금까지 수많은 운동을 시작하고 포기했던 사람으로서 자신 있게 말한다. 살을 빼고 싶다면 달리기만 한 게 없다.

달리기는 대표적인 유산소 운동이다. 유산소 운동은 충분한 양의 산소가 몸에 들어왔을 때, 근육 속의 미토콘드리아에서 지방을 에너지로 사용하는 운동이다. 꾸준하게 한다면 자연스레 체지방은 줄어든다. 근육 운동을 위주로 하는 보디빌더나 체급을 맞추기 위해 감량을 해야 하는 투기 종목 선수들도 대부분 달리기를 하며 체중을 감량한다. 그러나 나는 다이어트를 위해 달리기를 하라고 권하는 게 아니다. 반대로 당신이 달리기를 즐기는 사람이 되길 바란다. 달리는 기쁨을 느낄 수 있다면 체중은 자연스레 줄어들 것이니까.

변화(變化)는 '변할 변'과 '될 화' 두 글자로 이루어져 있다. 이 두 글자는 비슷하지만 조금 다르다. 제갈건 작가는 『현명한 사람은 삶의 무게를 분산한다』라는 책에서 이렇게 설명한다. 변(變)은 물리적인 변화를 의미한다. 다이어트에 성공해서 외모가 달라진 것은 변한 것이다. 화(化)는 화학적 변화를 의미한다. 다이어트를 하는 과정에서 탐욕을 다스릴 수 있는 사람이 되고, 성취를 위해 고통을 기꺼이 견디는 사람이 되었다면, 즉 인격 자체가 완전히 달라졌다면, 이는 화한 것이다.

변은 일시적이다. 다이어트를 위해 달리기를 한다면 당신은 잠시 '변할 것이다. 체지방이 줄어들고, 하체 근력도 생길 것이다. 하지만 다이어트라는 목적을 이룬 순간, 더 이상 달리고 싶지 않을 것이다. 달리기를 멈출 것이고, 순식간에 원래의 모습으로 돌아갈 것이다. 수많은 사람이 겪는 요요 현상이다. 진정한 다이어트는 변이 아니라 화다. 化(될 화). 한자 뜻 그대로 그런 사람이 되는 것이다. 1.5km를 달리고 현기증이 나 드러누웠던 훈련병이 3km를 쉬지 않고 달릴 수 있는 군인이 되었다. 매일 저녁 3km 포기하지 않고 달리다 보니 특급전사가 되었다. 꾸준히 달리다 보니 5km도 달릴 수 있게 되었고, 이제는 10km도 편하게 달릴 수 있는 사람이 되었다. 달리면서 마주하는 풍경을 즐길 수 있는 사람이 되었고, 땀에 젖은 티셔츠 위로 불어오는 바람에 설레는 사람이 되었다. 다이어트를 하겠다는 생각은 전혀 없었다. 오직 달리기에 집중하고 재미를 느끼다 보니, 뚱뚱했던 나는 사라지고 날씬한 내가 나타났다.

칸트는 말했다.

"모든 '인간'은 고유한 존엄성을 지닌 존재로 '수단'이 아니라 '목적'이 되어야 한다."

다른 사람을 '이용'하려고 하지 말고, 그 자체로 '존중'해 주라는 뜻이다. 달리기를 대하는 태도도 그랬으면 좋겠다. 다이어트를 위한 '수단'이 아닌 그 자체로 즐길 수 있는 '목적'으로 대하면 좋겠다. 살을 빼기 위한 달리기가 아니라 그 자체가 즐거운 달리기가 되는 순간. 다이어트 고민은 사라질 것이다.

# 운동이 최고의 재테크

　몇 년 전 느닷없이 한자를 배우고 싶어졌다. 학생 때는 한자가 무슨 쓸모가 있을까 싶었다. 구닥다리 문자라는 생각도 했다. 어느 날 『장자』를 읽다가 문득 이런 생각이 들었다. '한자로 읽으면 더 멋지겠는데?' 아내에게 오늘부터 한자를 공부하겠다고 선언했다. 말로만 하면 흐지부지될 것 같아 한자 2급 자격시험도 신청했다. 아내는 황당한 표정으로 말했다.

　"또 시작이네."

　한 달 성도를 방에 틀어박혀 한자 공부를 했다. 과거 시험을 준비하던 선비의 심정이었다. 한자가 조금씩 익숙해지고, 쉬운 문장 정도는 읽을 수 있게 되었다. 시험이 가까워졌을 때쯤, 한자 급수 시험 기출 문제를 풀어 보았다. 문제에 '허생전'의 일부분이 한자로 쓰여 있었다.

　허생은 묵적골(墨積洞)에 살았다. 두어 칸 초가는 비바람을 막지 못

할 정도였다. 그러나 허생은 글 읽기만 좋아하고, 그의 처가 남의 바느질 품을 팔아서 입에 풀칠을 했다.

하루는 그 처가 몹시 배가 고파서 울음 섞인 소리로 말했다.

"당신은 평생 과거(科擧)를 보지 않으니, 글을 읽어 무엇합니까?"

허생은 웃으며 대답했다.

"나는 아직 독서를 익숙히 하지 못하였소."

"그럼 장인바치 일이라도 못 하시나요?"

"장인바치 일은 본래 배우지 않았는 걸 어떻게 하겠소?"

"그럼 장사는 못 하시나요?"

"장사는 밑천이 없는 걸 어떻게 하겠소?"

처는 왈칵 성을 내며 소리쳤다.

"밤낮으로 글을 읽더니 기껏 '어떻게 하겠소?' 소리만 배웠단 말씀이오? 장인바치 일도 못 한다, 장사도 못 한다면, 도둑질이라도 못 하시나요?"

거울을 보았다. 언제 쫓겨날지 모르는 전셋집에서 여유 있게 공부나 하는 내 모습. 그런 나를 보는 아내의 모습. 영락없는 허생과 허생의 처였다. 허생은 결국 공부를 그만두고 장사를 해서 부자가 된다. 엄청난 돈을 가난한 이들에게 나눠 준다. 이번 생에 부자가 될 리도, 부자가 될 이유도 없다고 생각했지만, 생각이 바뀌었다. 나도 허생처럼 부자가 되고 싶어졌다. 아내에게 말했다. 나도 이제 돈 안 되는 공부를 접고 돈 되는 공부를 해 보겠다고. 아내는 이제 놀라지도 않고 말했다.

"또 시작이네."

재테크에 관련된 책을 마구 찾아 읽었다. 대부분 비슷한 말을 했다. 부자가 되려면 어떻게 해야 하는가? 노동 소득으로는 부자가 될 수 없다. 자본 소득이 있어야 한다. 자본 소득은 어떻게 만드는가? 사업을 하거나, 주식을 사서 회사의 지분을 소유하거나, 부동산을 사야 한다. 교사인지라 사업은 할 수가 없고, 부동산은 폭등 중이었다. 남은 건 주식뿐이었다. 꾸준하게 공부했지만, 여전히 이론과 실전은 많이 다름을 느낀다. 내 잔고는 - 상태인 주식이 여전히 가득하다. 허생전을 읽은 그날. 비트코인을 샀다면 내 삶은 많이 달라졌을 텐데….

어느 날 이것만 하면 20억을 아끼는 효과가 있다는 자극적인 제목의 영상을 보았다. 20억을 아껴 준다는 영상 속 인물은 사업가도 전문 투자자도 아니었다. 서울아산병원 노년내과 정희원 교수님이셨다. 20억을 아껴 주는 비법을 왜 의사 선생님께서 말씀해 주시지? 궁금했다. 곧 알게 되었다.

정희원 교수님께서는 노년에 건강하지 못할 때 비용을 계산했다. 노년을 병원에서 지내게 될 경우, 월 간병비는 대략 500만 원 이상이라고 한다. 한 달에 500만 원이면 1년에 6000만 원. 이 금액을 월 4% 예금으로 충당하려면 최소 17억이 필요하다. 정희원 교수님은 신체 기능 저하 없이 나이 드는 것이 그 무엇보다 중요하다고 말씀하셨다. 이 영상을 보고 생각했다. 내 평생 20억을 벌지는 못하더라도, 절대 까먹지는 말아야겠다고. 내가 누군가의 부담이 되지는 말아야겠다고. 정희원 교수님 그럼 어떻게 해야 합니까? 그는 말한다. 영양제 살 돈으로 운동에 투자하라. 운동에 쓰는 돈과 시간은 훗날 10배, 100배, 아니… 1,000배의 보상으로 돌아올 것이다. 그날부터 한 걸음 한 걸음 뗄 때마다 생각한다.

"내 한 걸음은 얼마일까?"

수렵 채취 생활을 하던 우리 먼 조상님들께서는 보통 하루 20km를 걷고 달렸다고 한다. 우리 조상들에게 하프 마라톤 정도는 일상이었던 셈이다. 인간에게는 사자처럼 강한 이빨도 없다. 치타처럼 엄청난 스피드도 없다. 새처럼 날 수도 없다. 그럼에도 살아남을 수 있었던 비결은 먼 거리를 지치지 않고 달릴 수 있는 지구력이었다. 요즘 사람들은 달리기는커녕 걷지도 않는다. 서울 시민은 하루 평균 5천 보 미만을 걷는다고 한다. 편리한 이동이 불편한 노년을 만들지도 모른다.

이 작자 원래 나만 생각하는 이기적인 사람이지만, 이상은 저버린 지 오래인 현실주의자지만, 오랜만에 이 나라를 위해 헛된 꿈 한번 품어 본다. 달리는 걸음만큼 쿠폰을 주자! 쿠폰은 전통시장에서만 사용할 수 있다. 돈을 뿌리는 게 아니다. 예방은 치료보다 훨씬 더 적은 비용이 든다. 노화 속도도 늦춰 주고, 치매를 예방해 주고, 고혈압, 고지혈증, 당뇨병, 암 등 수많은 병을 예방해 주는 '운동'이라는 효과적인 백신을 미리 처방하는 것이다. 게다가 전통시장을 살리는 보너스 효과까지!

국민의 건강 악화는 나라에도 큰 부담이다. 2040년대가 되면 노동을 하는 인구에 비해 의료와 간병 서비스를 이용해야 하는 사람들이 훨씬 많아진다. 건강보험재정은 이미 적자로 돌아섰고, 조금씩 고갈되고 있다. 운동을 통해서 건강한 노년을 맞이하는 국민이 많아져야 훗날 대한민국을 이끌어 갈 청년층의 어깨도 가벼워진다. 지금 하는 운동이 훗날 20억의 가치가 있다는데, 수많은 사람을 달리게 할 수 있다면 천문학적인 비용을 아낄 수 있다.

모두가 달리는 건강한 대한민국!
돈을 떠나서, 멋지지 않은가?

## 두뇌에도 달리기가 좋다는데

나는 기억력이 정말 나쁘다. 무슨 일이든 순식간에 잊어버린다. 기억력이 나쁜 건 정말 불편한 일이다. 공부할 때도 어려움이 많다. 어릴 적 이것저것 해 봤는데, 딱히 잘하는 게 없었다. 아빠는 '잘하는 게 없는 사람에겐 공부가 최고'라며 공부를 권했다. 공부도 쉽진 않았다. 배운 걸 순식간에 잊어버리는 탓에 같은 내용을 남들보다 두세 번은 더 반복해야 했다. 고등학교만 졸업하면 공부는 그만해야겠다고 생각했는데, 아뿔싸! 선생님이 되었다. 내가 학생 때 본 선생님은 분명 교과서 속 모든 내용을 완벽하게 알고 계셨는데, 나는 여전히 잊어버린다. 지금도 계속 공부를 놓지 못한다. 정말 끝도 없다. 아! 지겨워.

자잘한 불편함도 크다. 방금까지 칠판에 열심히 판서한 뒤, 아이들을 보며 잠시 수업했다. 다시 칠판에 필기하려고 하니, 분필이 보이지 않는다. 이리저리 돌아다니다가 아이들에게 묻는다.

"애들아, 선생님 분필 어디 갔지?"

교실 속 모두가 함께 두리번거리다 누군가 찾아낸다.

"선생님! 선생님 책상 위에 있어요!"

머쓱한 웃음을 지으며 말한다.

"아. 이게 바로 앞에 있었네."

정말 면이 서질 않는다. 다만 아이들이 나를 보고 이런 희망이라도 품으면 좋겠다.

'저런 사람도 할 수 있는 게 공부인데. 나도 충분히 할 수 있는 것 아니야?'


인터넷에서 우연히 치매 자가 테스트를 해 보았다. 14개의 질문 중 '예'가 6개 이상이면 치매 검진을 받아 보라고 적혀 있었다.


기억력에 문제가 있습니까? 예!

기억력은 10년 전에 비해 떨어졌습니까? 아니요! 원래 안 좋았습니다.

기억력이 동년배에 비해 나쁘다고 생각하십니까? 예!

기억력 저하로 일상생활에 불편을 느낍니까? 예! 불편합니다!

최근에 일어난 일을 기억하는 것이 어렵습니까? 예! 방금 일도 기억하기 어렵네요.

며칠 전 나눈 대화 내용을 기억하는 것이 어렵습니까? 예! 방금 나눈 대화도 기억하지 못합니다.

며칠 전 한 약속을 기억하기 어렵습니까? 예! 약속을 잊어버린 적이 많습니다.

7번 만에 '예'가 6개가 되었다. 아직 치매 검진을 받기엔 너무 젊은 나이다. 어떻게든 기억력을 회복해야 한다. 기억력에 좋다는 오메가3를 먹은 지 3년이 지났는데, 효과는 감감무소식이다. 심지어 1년 전부터는 한 번에 두 알씩 먹고 있는데….

다행히 얼마 전 희망적인 소식을 들었다. 달리기가 뇌 건강에 아주 좋다는 소식! 달리기가 신체 건강에 좋다는 건 잘 알고 있었다. 내가 몸소 느끼기도 했다. 달리기하며 훨씬 건강해졌다. 살도 빠졌고, 심장도 튼튼해졌고, 체력도 강해졌다. 달리기가 정신 건강에 좋다는 것도 알고 있었다. 힘든 일이 있거나 머리가 복잡해질 때 한 번 달리고 오면 기분이 훨씬 나아졌다. 이제는 힘든 일이 생겨도 달리기와 함께 털어 버리는 법을 알게 되었다. 그런데 달리기가 두뇌에도 좋다고? 운동이 뇌와 무슨 관련이 있길래? 뇌과학자들은 말한다.

"달리기와 뇌는 관련이 있지. 당연히 관련이 있지. 달리기를 하면

BDNF가 많이 분비되는걸."

도대체 BDNF가 뭘까? 왜 항상 과학자들은 자기들만 아는 언어를 사용하는 것일까?

우리 몸은 계속해서 원래 있던 세포가 죽고, 새로운 세포가 생겨난다. 보통 80일이 지나면 우리 몸은 과거의 세포와 결별하고, 새로운 세포로 가득 찬다. 하지만 뇌세포는 만들어지는 속도가 다른 세포에 비해 느리다. 만 25세가 지나면 죽는 뇌세포의 수를 새롭게 만들어지는 뇌세포 수가 따라가지 못한다. 그렇게 우리 뇌는 점점 작아진다. 1년에 대략 1% 정도 뇌의 크기가 줄어든다고 한다. 뇌의 크기와 비례해서 우리는 해마다 1% 정도 머리가 나빠진다.

이를 막아 줄 수 있는 마법의 물질이 있다. 바로 BDNF! BDNF는 뇌세포의 성장을 촉진하고, 뇌에서 보내는 신호를 전달하는 뉴런의 기능 향상 및 발달을 자극하는 인자나. 간단히 말해 뇌세포가 잘 성장하고, 제 기능을 할 수 있도록 도와주는 거름과 같은 물질이다. 달리기를 하면 이렇게 좋은 BDNF가 많이 분비되고, 싱싱한 뇌세포가 쑥쑥 자라난다. 우리의 인지 기능과 학습 능력은 저절로 좋아진다. 안데르스 한센 박사가 쓴 『뇌는 달리고 싶다』라는 책에서도 달리기가 두뇌에 얼마나 효과적인지 알 수 있는 실험이 나온다. 일주일에 3번 40분을 달린 그룹에서는 뇌에서 인지 기능을 담당하는 해마의 크기가 줄어들기는커녕 2% 늘어났다. 달리기가 두뇌에 좋다는 말은 이제 더 이상 근거 없는 믿음이 아니라 과학이다.

달리기하길 참 잘했다. 몸에도 좋고, 정신에도 좋은데, 두뇌까지 좋아진다니! 이제 더 이상 기억력 걱정은 하지 않아도 되겠다. 달리기를 하면 해마의 크기가 점점 커진다는데, 머리도 커지는 것 아닌가 걱정이다. 내가 쓴 첫 번째 산문집 『사라진 모든 것들에게』에서 저자 소개에 이렇게 썼다. '기억력이 나쁜 초등교사'. 아. 이제 달리기 때문에 기억력이 더 이상 나쁘지 않을 텐데. 사람들이 책에 거짓을 썼다고 비난하면 어쩌나. 그건 그때 가서 생각하도록 하고, 오늘도 기억력이 좋아지기 위해 달리기를 하러 트랙을 간다.

오늘은 딱 10km. 25바퀴를 뛰어야겠다. 한 바퀴, 두 바퀴, 세 바퀴, 열 바퀴. 열두 바퀴. 열두 바퀴. 아? 열세 바퀴인가? 아닌가? 열세 바퀴. 응? 아까 열세 바퀴 셌던가? 열세 바퀴. 몇 바퀴가 남았더라? 에라, 모르겠다. 결국 손가락을 쫙 편다. 한 바퀴를 돌 때마다 손가락 하나씩을 접는다. 25바퀴만 달리려 했는데, 30바퀴는 달린 것 같다.

달리기가 두뇌에 좋다는데.

뭐든지 예외가 있나 보다….

# 온 세상이 나의 것

유현준 교수님의 『어디서 살 것인가』라는 책에서 흥미로운 내용을 읽었다. 전 세계에서 가장 작은 집에 사는 사람들은 누구일까? 놀랍게도 우리가 동경하는 '뉴요커'들이라고 한다. 그들이 작은 집에 사는 이유는 간단하다. 뉴욕은 전 세계에서 집값이 가장 비싸기 때문이다. 하지만 뉴요커들은 집이 작다고 우울해하지 않는다. 오히려 강 건너 큰 집에 사는 뉴저지 사람들보다 훨씬 생기가 넘친다. 유현준 교수님은 그 이유를 설명한다.

뉴욕에는 엄청난 크기의 공원이 많다. 뉴욕 맨해튼에는 10km 내에 공원이 10개라고 한다. 뉴욕 시민은 어느 곳에서나 10분 정도만 걸으면 공원에 갈 수 있다. 공원 간 평균 거리도 1km 정도밖에 되지 않는다. 매번 산책하는 공원이 질렸다면, 10분 정도 걸어가 다른 공원에 가 볼 수 있다. 그들은 센트럴 파크에서 달리기를 하고, 브라이언트 파크에서 스케이트를 탄다. 브라이언트 파크에서 10분만 걸어가면 그 유명한 타임스퀘어가 나온다. 뉴요커들은 작은 방에 갇혀 살지 않는 다. 그들은 뉴욕 전체를 즐기며 살아간다. 유현준 교수님은 서울도 뉴 욕처럼 편하게 걸어갈 만한 공원이 많아져야 한다고 주장한다. 도시 가 행복해지려면 매력적인 공짜 공간이 많아져야 한다.

유현준 교수님의 기준에 따르면 내가 사는 인천 송도는 참 좋은 곳 이다. 잘 정비된 공원이 정말 많다. 뉴욕의 센트럴 파크보단 작지만 그래도 멋진 센트럴 파크. 계절마다 다양한 색의 꽃이 반겨 주는 해돋 이 공원. 잔잔한 호수가 아름다운 달빛공원. 밤바다와 야경이 멋진 솔 찬 공원. 수평선 너머로 사라지는 일몰을 볼 수 있는 롱비치파크. 펜 타포트 락 페스티벌, 송도 맥주 축제 등 수많은 축제가 끊이질 않는 달빛축제공원. 이 밖에도 수많은 공원이 있다. 이 모든 공원은 누구나 사용할 수 있는 공짜 공간이다. 모든 공원은 우리가 낸 세금으로 조성 했을 것이다. 그렇다면 한 번이라도 더 달리는 게 이득이다. 우리 모 두 다 같이 우리가 낸 세금이 아깝지 않도록 공원을 달리자!

공원은 달리기하기 가장 좋은 장소 중 하나다. 우선 신호등이 없다. 거리를 달리면 중간중간 횡단보도에서 멈춰 서야 하는데, 공원은 그 럴 필요가 없다. 멈추지 않고 달릴 수 있다. 공원을 달리면서 보는 풍 경도 아름답고, 달리면서 지나치는 수많은 사람의 모습을 보는 일도 재미있다. 공원은 거리도 길어서 트랙에서는 30바퀴 돌아야 할 거리를 네 바퀴 정도만 돌면 된다. 거리는 같지만, 심리적으로 큰 차이가 난다. 나는 대부분 집 근처 공원을 달리지만, 가끔은 집에서 멀리 떨어져 있는 공원을 가 보기도 한다. 물론 갈 때도 달려서 간다. 직접 내 발로 뛰면서 새로운 곳을 발견하는 일도 내 삶의 즐거움이 되었다.

요즘엔 여행을 갈 때도 꼭 러닝화를 챙긴다. 여행지의 핫플레이스를 둘러보는 것도 좋지만, 낯선 거리를 직접 달려 보며 마주하는 풍경은 새롭다. 직접 달려 본 곳은 훨씬 오래도록 기억에 남는다. 오사카에 갔을 때 숙소에서 오사카성까지 달려간 적이 있었다. 자동차나 지하철로만 다니던 길을 달려 보니 훨씬 더 많은 풍경을 볼 수가 있었다. 길눈이 어두워 길을 여러 번 잃고, 뛰다가 화장실이 급해져 이 건물 저 건물을 배회하기도 했지만, 그마저도 즐거운 추억이 되었다. 마침내 도착한 오사카성에서는 고수의 향기가 물씬 나는 러너들도 많이 만날 수 있었다. 이 글을 읽는 당신도 여행지에서 달려 보길 바란다. 달려야 비로소 보이는 수많은 풍경을 만날 수 있을 것이다.

톨스토이의 작품 『사람에게는 얼마만큼의 땅이 필요한가』에서 바슈키르 마을 이야기가 나온다. 바슈키르 마을에서는 땅을 팔 때 하루 단위로 판다. 하루 동안 돌아다닌 땅은 모두 자신의 땅이 되는 것이다.

대신 조건이 하나 있다. 해가 지기 전까지 출발 지점으로 돌아와야 한다. 만약 출발 지점으로 돌아오지 못한다면, 돈만 날리고 땅은 전혀 얻지 못한다. 농부 바흠은 이 제안을 수락한다. 땅을 최대한 많이 얻고 싶던 바흠은 무리를 한다. 돌아오기 어려울 만큼 너무 멀리 가 버린다. 다리가 후들거렸지만, 땅을 얻기 위해 쉬지 않고 걷는다. 겨우겨우 바흠은 도전에 성공했고 도착하자마자 풀썩 쓰러진다. 그리고 일어나지 못한다. 그에게 필요한 땅은 오직 6피트. 그가 묻힌 공간뿐이었다.

바슈키르 마을이 실제로 있다면 러너들의 성지가 될 것이다. 바슈키르 마을의 땅은 순식간에 러너들의 차지가 될 것이다. 돈 많은 사람보다 잘 달리는 사람이 더 많은 땅을 가지는 세상. 그런 세상이 과연 있을까? 곰곰이 생각해 보니, 있는 것 같다. 바로 지금 이 세상.

지구에서 가장 많은 공간을 향유하며 사는 건 달리는 사람들이 아닐까? 아무리 큰 집에 산다고 해도, 더 넓은 세상은 집 밖에 있다. 집이 좁다면 세상을 내 집처럼 이용하면 된다. 세상 여기저기를 자유롭게 달릴 수 있으면 그게 다 내 땅이 아니겠는가? 달리는 순간, 온 세상은 나의 것이다.

그러니, 당신도 함께 달렸으면 좋겠다.

## 그 정도면 뛰어가지

10km를 달릴 수 있는 사람이 되니 좋은 점이 하나 있다. 웬만한 거리는 달려갈 수 있다는 점이다. 학교에 출근할 땐 보통 지하철을 이용한다. 집에서 대략 세 정거장 정도를 가면 된다. 멀진 않지만, 걸어가기엔 조금 먼 거리다. 퇴근 시간이 다가오자 문득 궁금해졌다. '학교에서 집까지 뛰어가면 얼마나 걸릴까?'. 마침 체육 시간이 있던 날이라, 운동복을 입고 있었다. 들고 왔던 가방은 하루만 교실에 두고, 집까지 달려가기로 했다. 교문을 나서는 순간 달리고 싶었지만, 내 평판과 사회적 지위를 위해 조금 걸었다. 혹시나 동네에서 놀던 학생들이나 퇴근하는 선생님들과 마주치면 민망할 것 같았다. 잠시 후 인적이 드문 곳이 나왔다. 이젠 뛰어도 누굴 마주치지 않을 것 같았다. 그 순간, 스마트 워치에서 달리기 어플을 켜고 바로 달렸다.

걸어가긴 아득한 거리라고 생각했는데, 달려 보니 고작 3km밖에 되지 않았다. 생각보다 너무 가까워서 놀랐다. 시간도 20분 정도밖에 걸리지 않았다. 지하철역까지 가는 시간, 지하철 기다리는 시간 등을 생각하면 지하철 타고 가는 것보다 달려가는 게 더 빨랐다. 학교에서 샤워만 할 수 있다면 출근도 달려서 해 버릴 텐데. 그럼 아침이 훨씬 여유로워질 텐데. 조금 아쉽다. 그날 이후, 날씨가 좋은 날은 달려서 퇴근한다. 시간도 아끼고, 건강도 좋아지는 1석 2조의 퇴근이다.

참 달리길 잘했다.

혼자 달릴 땐 보통 집 주변을 달렸다. 시간에 구애받지 않고, 밖을 나온 그 순간부터 달릴 수 있어서 좋았다. 집 근처에 달릴 만한 공원도 많아서 굳이 멀리 갈 필요성을 느끼지 못했다. 달리기에 점점 흥미를 느끼게 되면서 '송도러닝크루'를 찾아갔다. 함께 뛰는 건 혼자 뛰는 것보다 장점이 많았다. 하지만 불편한 점이 하나 있었다. 내가 원하는 시간에 원하는 장소에서 달릴 수 없다는 것이다. 송도러닝크루는 송도 이곳저곳을 달린다. 송도에 살면서도 몰랐던 많은 공원을 송도러닝크루 덕에 알게 되었다. 문제는 모든 공원이 내 집 근처는 아니라는 점이다. 달리기를 하러 차를 타거나 지하철을 타고 간다? 차라리 그 시간에 더 뛰고 말지. 달리기가 끝난 뒤 땀에 젖은 몸으로 지하철을 타는 것도 그리 유쾌하진 않았다. 1년간은 우리 집 주변 공원을 달릴 때를 제외하곤 크루런에 참석하지 않았다. 사실상 유령 회원이었다.

이제는 함께 뛰는 즐거움을 알게 되었다. 크루원과 함께 달리기 위해 새벽부터 차를 타고 가기도 한다. 이른 아침만 아니라면 더 이상 차를 탈 필요도 없어졌다. 인천 송도 어디라도 달려갈 수 있는 체력이 생겼다. 요즘은 크루원과 함께 달리러 갈 때 모이는 장소까지 달려간다. 끝나고 올 때도 집 방향이 같은 분들과 달려온다. 그만 달리고 싶더라도 멈출 수 없다. 집엔 가야 하니까. 다행히 아직 집에 돌아가지 못하는 일은 없었다.

주말엔 아침 일찍 일어나 아내가 깨지 않도록 조심조심 달리러 나간다. 송도의 자랑 센트럴 파크를 한 바퀴 달리고, 또 다른 송도의 자랑 '명란 바게트'가 있는 빵집으로 뛰어간다. 땀을 흘리며 가게로 들어가 기쁜 마음으로 빵을 고른다. 내가 좋아하는 빵과 아내가 좋아하는 빵을 골고루 골라 담는다. 그리고 아내에게 메시지를 보낸다.

"나 빵 사서 갈게!"

그러면 늘 상당히 기뻐 보이는 이모티콘이 날아온다.

"GOOD!"

기쁜 마음으로 손에 빵 봉투를 꽉 쥐고 다시 집까지 달린다. 그 순간이 너무 행복하다. '남을 위한 삶을 살아라! 그것이 곧 자신을 기쁘게 할 것이다.'라는 고명환 작가의 말이 마음 깊이 이해가 된다.

다시 생각해도 참 달리길 잘했다.

하루는 아내가 걱정스럽게 말했다.

"오늘 회사 끝나고 회식이 있는데, 차를 두고 그냥 버스 타고 가야 하나?"

"거기 내가 버스 타고 가 보니까, 엄청나게 오래 걸리던데. 그냥 택시 타고 가지?"

"아침에 우리 집 앞은 택시가 안 잡혀. 지난번에도 택시 타려다가 늦었잖아."

"아…. 그럼 그냥 차 타고 가서 대리운전을 불러야 하나?"

'대리운전'이라는 단어를 듣자, 문득 얼마 전 보았던 크루원분의 인스타그램 게시물이 떠올랐다. 그분께서 아내가 있는 곳까지 달려가 '대리운전'을 해 주셨다는 글이었다. 나는 바로 아내에게 물었다.

"회식을 어디서 한다고 했지?"

"구월동 예술회관역에서."

그리고 바로 휴대폰 지도로 거리를 검색했다. 약 10km 정도였다. 좋았어! 이 정도면 뛰어갈 만하지. 그 즉시 아내에게 말했다.

"내가 그냥 뛰어갈게. 회식 끝나기 한 시간 전에만 알려 줘!"

그날 밤. 송도에서 구월동까지 신나게 달렸다. 처음 달려 본 낯선 길이라, 여행하는 느낌도 들었다. 뛰다가 내가 가 본 장소들이 나오면 반가웠다. 아내랑 가 봤던 옥련시장, 친구와 함께 살던 문학동 골목, 고향 가는 버스를 타던 인천 터미널을 지나서 목적지에 도착했다. 아내가 차 속에서 기다리고 있었다. 내 달리기가 가끔은 쓸모가 있다는 사실이 즐거웠다. 달리기 덕에 모두가 행복한 밤이었다.

집에 와서 '대리운전 런'을 인스타그램 스토리에 올렸다. 그러자 '대리운전 런'을 나에게 알려 주신 크루원님께서 메시지를 보내셨다.

"오! 대리운전 런! 막걸리 한잔 벌었습니다."

달리기로 내가 가장 좋아하는 막걸리를 벌었다니, 이렇게 기쁠 수가! 바로 나가 막걸리를 사 왔다.

막걸리 두 병을 마시고 생각해 봐도 참 달리길 잘했다.

# 사람이 외모가 중요한가?
## 심장이 중요하지

요즘은 해외에서 뛰는 대한민국 축구 선수들이 정말 많다. 영국에서 뛰고 있는 토트넘의 손흥민 선수와 울버햄튼의 황희찬 선수. 독일에서 뛰고 있는 바이에른 뮌헨의 핵심 수비수, 김민재 선수. 프랑스에서 뛰고 있는 파리 생제르맹의 이강인 선수. 덴마크에서 뛰고 있는 FC미트윌란의 조규성 선수. 이 밖에도 수많은 선수가 세계 무대에서 최선을 다하고 있다. 모두를 진심으로 응원한다.

내가 가장 좋아하는 축구 선수는 박지성 선수다. 지금은 은퇴해서 박지성 선수의 경기를 볼 수는 없지만, 가끔 유튜브 영상에서 박지성 선수의 하이라이트를 본다. 그라운드를 종횡무진 누비는 그의 플레이는 지금 봐도 놀랍다. 박지성 선수는 단점이 많았다. 체격도 그리 크지 않았고, 발도 운동하기 좋지 않은 평발이었다. 하지만 그는 그 모든 것을 이겨 낼 엄청난 장점이 있었다.

부지런함.

박지성 선수는 매 경기 정말 최선을 다해서 뛰었다. 수비부터 공격까지 모든 곳에 그가 있었다. 경기가 끝나고 박지성 선수가 달린 거리를 추적해 보면 보통 10km 정도가 나왔다. '박지성의 축구화에 페인트를 묻힌다면 경기장에 페인트 자국이 찍히지 않은 곳이 없을 것'이라는 이야기가 돌 정도였다. 사람들은 그에게 '산소 탱크', '두 개의 심장'이라는 별명을 붙여 주었다.

박지성 선수 심장이 정말로 두 개는 아니다. 그런 사람은 세상에 없다. 아니, 지구상에 그런 포유류는 없다. 그러나 '두 개의 심장'이란 말은 헛된 비유는 아니다. 심장은 혈액을 우리 온몸으로 보내 주는 펌프 역할을 한다. 우리 몸은 빠르고 지속적인 혈액 순환이 중요하고, 그 중심엔 심장이 있다. 사람의 심장은 대부분 비슷하다. 생김새도 기능도 큰 차이가 없다. 하지만 유독 심장이 멋진 사람들이 있다. 그런 심장을 스포츠 심장이라고 부른다. 주로 지구력이 필요한 운동선수들이 스포츠 심장을 가지고 있다. 그들의 심장은 보통 사람들보다 좀 더 크고, 심장벽이 두껍다. 보통 사람들의 심장이 물총처럼 피를 내뿜는다면, 그들의 심장은 물대포처럼 피를 발사한다. 한 번에 많은 양의 혈액을 보낼 수 있다. 그래서 심장 박동수는 일반인보다 훨씬 적다. 일반인들의 분당 심박수는 60~80회 정도다. 박지성 선수의 분당 심박수는 40회라고 알려진다. '두 개의 심장'은 아닐지라도 '두 배로 좋은 심장'인 건 확실하다.

나도 박지성 선수처럼 멋진 심장을 가질 순 없을까? 이번 생에 멋진 얼굴은 글러 먹었으니, 멋진 심장이라도 가질 수 있다면 참 좋을 텐데. 운 좋게도 가능하다! 심장도 근육이다. 근육을 단련하기 위해서는 근육에 적당한 부하를 주어야 한다. 주로 무거운 물체를 들어 올리는 방식으로 우리는 근육을 단련한다. 하지만 우리가 심장으로 아령을 들 순 없다. 심장에 부하를 주기 위해선 유산소 운동이 필요하다. 특히 지구력을 요구하는 유산소 운동이 가장 좋고, 그중에서도 달리기가 압도적으로 좋다. 참고로 우리나라 마라톤 영웅 황영조 선수와 이봉주 선수는 분당 심박수가 38회이다. 그들의 심장은 아름다움을 넘어선 예술의 경지일 것이다.

역설적으로 달리기를 하면 가장 고통스러운 곳도 심장이다. 처음 달리기를 하는 사람들이 가장 힘들어하는 이유는 숨이 차서이다. 호흡이 가빠지고, 머리가 어지러워진다. 나도 마찬가지다. 조금만 빠르게 뛰면 숨이 차고, 심장이 터져 버릴 것 같다. 달리기할 때 우리 몸은 더 많은 산소를 요구한다. 우리 몸에 필요한 산소를 빠르게 공급하기 위해 호흡이 가빠지고, 온몸에 빠르게 피를 공급하기 위해 자연스레 심장이 더 빠르게 뛴다. 이때 심장이 터질 것 같은 느낌이 드는데, 사실 걱정하지 않아도 된다. 심장은 그리 쉽게 터지지 않는다. 그렇다고 그 상태에서 계속 달리는 건 좋지 않다. 심장이 터지진 않지만, 멈춰 버릴 수가 있다. 숨이 너무 차고 고통스러울 땐 속도를 늦추자. 잠깐 걸어도 좋다. 달리기는 심장을 괴롭히는 일이 아니다. 건강한 달리기를 위해서는 우리 몸과 긴밀하게 대화해야 한다. 멋진 심장을 갖기 위한 필수적인 마음가짐이다.

꺼내서 보여 줄 수도 없는 심장. 멋져서 뭐 하겠냐고? 폭발적으로 피를 뿜어내는 심장의 장점을 알려 주겠다. 우선 심장이 건강하면 심혈관계 사망률이 감소한다. 심혈관계 질환은 암에 이어 한국인 사망 원인 2위로 꼽힌다. 건강하지 못한 심장을 가진 사람들이 그만큼 많다는 이야기다. 건강하고 오래 살기 위해서라도 우리는 심장을 아름답게 가꾸어야 한다.

먼 훗날 소개팅. 서로의 사진과 함께 심장 사진을 나눈다. 멋지고 아름다운 외모만큼 멋진 심장도 매력 포인트가 된다. 결혼 정보 회사에서는 가입할 때 심장 사진을 필수로 제출해야 하고, 취업할 때도 멋진 심장을 가진 사람들이 가산점을 받는다. 인스타그램엔 심장 프로필 사진을 찍어 올리는 게 유행이 된다. 심장 프로필 사진을 목표로 하는 달리기 클래스도 생기고, 심장 전문 포토그래퍼가 엄청난 인기를 얻는다. 외모보다 심장의 아름다움이 인정받는 혹시 모를 그날을 위해, 지금부터라도 함께 달려 보는 게 어떠신지.

## 해 뜨기 직전이다

초등학교 때 책에서 읽은 책 이야기 하나 하겠다. 무슨 책인지, 저자는 누구인지는 기억나지 않지만, 내용은 선명하게 기억이 난다.

한 거인이 있었다. 거인은 저녁으로 먹을 도넛을 사 왔다. 도넛은 두 종류였다. 큰 도넛과 작은 도넛. 배가 많이 고팠던 거인은 큰 도넛을 먼저 하나 먹는다. 배가 부르지 않자, 큰 도넛을 하나 더 먹는다. 그래도 배가 부르지 않자 또다시 큰 도넛을 하나 먹는다. 그래도 배가 부르지 않자 마지막 남은 큰 도넛을 먹는다. 하지만 여전히 거인의 배는 전혀 부르지 않았다. 큰 도넛은 모두 떨어졌다. 거인은 어쩔 수 없이 작은 도넛을 하나 먹는다. 마침내 그때 거인은 배가 불렀다. 거인은 크게 후회한다.

"에잇! 작은 도넛은 하나만 먹어도 배부른데, 괜히 비싼 큰 도넛만 많이 먹었네. 다음부턴 작은 도넛 하나만 사서 먹어야겠다."

퀀텀 점프라는 물리학 용어가 있다. 원자 속의 전자는 어떤 단계에서 다음 단계로 이동할 때 언덕을 오르듯이 매끄럽게 이동하지 않는다. 양자 세계에서 에너지 준위(Energy level)는 불연속적이어서 전자가 에너지를 흡수하거나 방출할 때는 점프하듯 이동한다. 무슨 말인지 몰라도 괜찮다. 다음 문장만 기억하자. 어떤 일이 연속적으로 조금씩 발전하는 것이 아니라 계단을 뛰어오르듯 도약하는 현상을 '퀀텀 점프'라고 부른다.

경제학에서는 이런 개념을 빌려와 기업이 혁신을 통해 눈에 띄는 성장을 보여 줄 때 '퀀텀 점프'라는 용어를 사용한다. 퀀텀 점프는 기업뿐만 아니라 모두의 삶에 적용할 수 있다. 누구나 자기 삶을 한 단계 성장시키길 원한다. 단기간에 눈에 띄는 성장을 거둘 수 있다면 인간은 힘든 일도 견딜 수 있다. 퀀텀 점프의 함정이 여기 있다. 도약하기 전까지는 변화를 전혀 느낄 수 없다. 몇 번째 먹는 도넛이 배가 부르는 마지막 도넛이 될지 알 수 없다.

노력의 결과가 즉시 나타난다면 좋겠지만, 대부분의 일이 그렇지 않다. 도약을 위한 에너지 축적 과정이 필요하다. 물은 1도에서 99도까지 화학적 변화가 없다. 딱 100도가 되면 끓기 시작해 액체에서 기체로 바뀐다. 공부도 마찬가지다. 기초를 탄탄하게 다지는 과정에서는 아무리 노력해도 점수에 큰 변화가 없다. 대부분 이 기간을 버티지 못한다. 아무리 노력해도 변화가 없는 시기를 견디기란 쉽지 않다. 평소보다 더 열심히 했는데 결과가 같거나, 오히려 더 나빠질 때, 자신에 대한 믿음은 심판대에 오른다.

달리기도 좀처럼 늘지 않았다. 군 시절, 내가 특급전사가 되는 길을 가로막았던 건 팔굽혀펴기도 윗몸일으키기도 아닌 달리기였다. 팔굽혀펴기 20개도 힘들어하던 나도 매일같이 연습하니 73개를 한 번에 할 수 있었다(지금은 20개도 못 하지만). 30개만 해도 배에 쥐가 나던 윗몸일으키기도 꾸준히 연습하니 한 번에 83개를 해냈다(물론 이것도 지금은 반도 못 하지만). 달리기는 정말 해도 해도 늘지 않았다. 군대에서 했던 운동 중에 달리기는 내가 가장 좋아하는 운동이었다. 가장 열심히 하고 꾸준히 하는 운동에서 성과가 나지 않으니 의욕이 꺾였다. 여유 있게 3km를 12분 30초 안에 달려오는 선임과 동기들을 보며 생각했다.

'달리기는 타고나는 거구나.'

그래도 매일 저녁 달리기를 할 때 낙오하지 않으려고 애썼다. 그러자 몇 달에 한 번씩 급수는 조금씩 올라갔다. 3급에서 2급으로, 2급에서 1급으로, 마침내 1급에서 특급으로. 타고난 동기들보단 훨씬 오래 걸렸지만, 결국엔 같은 특급전사가 되었다.

달리기를 본격적으로 하면서도 마찬가지였다. 한때는 10km를 50분 안에 뛰는 분들이 정말 부러웠다. 10km를 50분 이내에 뛰려면 1km당 5분 페이스로 달려야 한다. 저 속도로 달릴 수 있다면 소원이 없을 것 같았다. 처음 나간 10km 마라톤에선 50분 이내로 들어오지 못했다. 꾸준하게 달리다 보니 두 번째 마라톤에서는 겨우 50분 이내로 결승점을 통과했다. 그 이후 10km 마라톤 기록은 47분, 43분, 42분까지 쭉쭉 줄어들었다. 이제 다시 정체가 찾아왔다. 열심히 달리는데 기록이 오히려 나빠지고 있다. 하지만 이젠 믿는다. 달리기를 그만두지만 않으면 시간이 해결해 줄 것이라고. 지금은 더 큰 도약을 위해 잠시 무릎을 굽히는 중일 뿐이라고.

평소보다 더 열심히 공부했는데, 오히려 성적이 떨어졌을 때. 더 열심히 달렸는데, 기록이 향상되지 않을 때. 그 순간 우리는 좌절한다.

우리가 한 노력이 헛된 것이 아닐까 의심한다. 놀랍게도 이는 너무나 자연스러운 일이다. 끓는 물이 그렇듯, 전자가 그렇듯, 거인의 배고픔이 그렇듯. 그 순간만 버티면 엄청난 변화가 기다리고 있다. 해 뜨기 직전 하늘이 가장 어둡다고 한다. 어둡고 막막한 시기를 지나고 있다면 마음속으로 이렇게 외쳐 보자.

'해 뜨기 직전이다!'

# 4장

# 매일같이 달리는 힘

인생의 많은 부분은 단거리 레이스보단 장거리 레이스에 가깝다.

단기간에 성취할 수 있는 일은 별로 없다.


내가 이루고픈 무엇인가가 있다면,

당장 '꾸준함'부터 습관으로 만드는 것이 중요하다.

# 걷기와 달리기

중학교 체력 검사 시간에 오래달리기를 하던 날이 기억난다. 체육 선생님은 오래달리기를 하기 전 우리에게 강조하셨다.

"오늘 우리가 측정하는 것은 '오래달리기'가 아니라 '오래달리기, 걷기'입니다. 뭐라고요?"

우리는 난생처음 들어 보는 괴상한 종목에 웃으며 대답했다.

"오래달리기, 걷기요."

"맞아요. 뛰다가 너무 힘들면 절대로 무리하지 마세요. 걸어도 됩니다. '오래달리기 걷기'니까요. 걷다가 다시 괜찮아지면 계속 뛰세요. 중요한 것은 기록이 아니라 끝까지 완주하는 것입니다."

걷기와 달리기의 차이점은 무엇일까? 속도의 차이라고 생각하기 쉽다. 과연 그럴까? 올림픽 20km 경보 세계기록은 1시간 18분 40초이다. 내 하프 마라톤(21km) 최고 기록은 1시간 32분이다. 1km의 거리 차이를 고려하더라도, 누군가의 걷기는 내 달리기보다 빠르다. 속도는 걷기와 달리기를 나누는 기준이 될 수 없다. 그렇다면 걷기와 달리기의 차이는 뭘까? 체육 교과서에 따르면 한 발이 땅에 붙어 있으면 걷기이고, 양발이 모두 땅에서 떨어지면 달리기이다. 경보 대회에서 실격을 판단하는 기준도 이와 같다. 경보 경기 중에는 양발 중 한발이 반드시 땅에 붙어 있어야 한다. 한 번이라도 두 발이 동시에 땅에서 떨어지면 안 된다. 실제로 많은 경보 선수들이 이 기준에 부합하지 못해 실격되고 만다.

달리기와 걷기의 차이는 비단 이런 규칙에만 국한되지 않는다. '걷기가 건강에 더 좋은가, 달리기가 건강에 더 좋은가?' 하는 질문에는 다양한 대답이 나온다. 달리기가 칼로리 소모가 크기 때문에 당연히 달려야 한다는 답변도 있고, 달리기는 무릎이나 관절에 더 많은 무리를 주기 때문에 오히려 걷기가 더 좋다는 답변도 있다. 그런가 하면 빠르게 걸어야 운동 효과가 좋다고 말하는 사람도 있고, 느리게 달려야 심폐지구력 강화에 좋다는 의견도 있다. 현대 사회는 오히려 정보가 너무 많아서 혼란스럽다. 나는 그냥 걷고 싶을 때는 걷고, 달리고 싶을 때는 달린다.

무엇인가 깊이 생각할 일이 있을 때 나는 걷는다. 걷다 보면 복잡했던 생각들이 하나씩 정리된다. 걷기를 할 때는 따로 시간을 내지 않아도 된다. 지하철역을 갈 때. 버스 정류장을 갈 때. 마트를 갈 때. 카페를 갈 때. 난 걸을 수밖에 없다. 걷기는 나에게 선택이 아닌 필수다. 그래도 내가 선택할 수 있는 게 하나 있다. 걷는 길이다. 좀 더 걸으며 생각을 하고 싶을 때는 일부로 길을 돌아서 간다. 집에 빨리 가고 싶을 때는 최단 거리를 전자두뇌로 계산해서 간다. 가끔은 그냥 이어폰에서 나오는 노래가 좋아서 조금 더 걷다가 집에 들어가기도 한다.

반대로 생각을 비우고 싶을 때 나는 달린다. 달리기는 걷기와 다르게 따로 시간을 내서 한다. 나름의 준비가 필요하기 때문이다. 몸을 편하고 가벼운 상태로 만들어야 한다. 하의는 허벅지가 쓸리지 않는 매끈한 트레이닝복 또는 반바지를 입어야 한다. 상의도 땀 배출이 잘되는 기능성 티셔츠를 입는다. 주머니에는 어떤 물건도 넣지 않는다. 오직 휴대폰과 이어폰만 챙긴다. 음악은 가볍게 뛰느냐 조금 무겁게 뛰느냐에 따라 달라진다. 가볍게 뛸 때는 산뜻한 팝을 많이 듣고, 조금 빠르게 뛸 때는 락 음악, 숨이 터질 때까지 뛰어 보고 싶은 날은 '록키 OST'를 주로 듣는다.

매일 10km를 뛰고 스스로를 '러너'라고 부르는 무라카미 하루키는 자신의 묘비명을 이렇게 정했다.

무라카미 하루키, 작가(그리고 러너)

1949~20XX

적어도 끝까지 걷지는 않았다.


　나는 하루키와 달리 뛰다가 힘들면 멈추고 걸을 것이다. 가끔은 빠르게 달리기도 하고, 가끔은 천천히 걷기도 하면서 결승점까지 '오래 달리기, 걷기'를 할 생각이다. 선생님 말씀을 다시 한번 떠올리며.

　"중요한 것은 기록이 아니라 끝까지 완주하는 것입니다."

## 재능이 없으니 끈기라도 있어야지

국어 시간에 조선 시대 시인 김득신을 가르친 적이 있다. 김득신은 어리석은 사람이었다. 열 살이 되어서야 글을 깨우쳤고, 공부한 내용을 뒤돌아서면 잊어버렸다. 하루는 말을 타고 집에 돌아가던 중 시를 읊고 있는데 마지막 문구가 기억나지 않았다. 그때 김득신의 마부가 그 마지막 구절을 읊었다. 김득신은 마부에게 감탄했다. 말에서 내려 고삐를 잡고, 마부를 말에 타게 했다. 마부는 웃으며 말했다.

"선생님께서 늘 읊던 시 아니십니까? 하도 많이 들어서 저도 외워버렸습니다."

김득신은 이마를 '탁' 치며 웃었다.

김득신의 아버지는 아들을 안타깝게 여겼다. 재능이 없는 공부를 너무나 좋아하는 아들을 바라보는 아버지의 심정은 어떨까? 아버지는 김득신에게 공부를 멈추라는 유언을 남기고 세상을 떠났다. 그러나 김득신은 아버지의 유언을 따르지 않았다. 그는 언제나 손에서 책을 놓지 않았다. 부족한 재능을 끈기로 이겨 냈다. 한 책을 1만 번 이상 읽었고, 11만 3천 번을 읽은 책도 있었다. 엄청난 노력 끝에 그는 59세의 나이에 성균관에 합격했고, 당대 최고의 시인이라는 평가를 받았다.

김득신의 묘비명에는 이런 말이 적혀 있다.

스스로 한계를 짓지 말라.
나보다 어리석고 둔한 이도 없겠지만,
결국에는 이룸이 있었다.
모든 것은 힘쓰는 데 달려 있을 따름이다.

초등학교도 가기 전부터 아빠와 동네 운동장에서 야구를 많이 했다. 내가 친 공이 조금만 멀리 가도 아빠는 홈런이라고 나를 응원했다. 홈런 친 날을 달력에 기록도 했다. 난 내가 야구를 잘하는 줄 알았다. 초등학교 때, 다른 학교 야구부 코치님께서 우리 학교를 오셨다. 야구를 해 보고 싶은 사람 없냐고 물었다. 나는 번쩍 손을 들었다. 그는 나에게 와서 말했다.

"오! 키도 큰 편이고, 좋다."

그는 나를 쭉 한 번 훑어보더니, 내 손목에 시선을 고정했다.

"손목이 너무 가느네. 이렇게 뼈가 가늘면 야구 못해."

손목만 보고 모든 걸 꿰뚫어 보는 무르팍 코치님 덕분에, 야구 선수의 꿈은 공 한 번 못 던져 보고 좌절되었다.


피아노 학원, 미술 학원, 방과 후 축구부까지 안 해 본 게 없지만, 뭐하나 재능 있는 게 없었다. 축구 선수를 하기엔 달리기가 너무 느렸다. 음악을 하기엔 감각이 너무 없었고, 미술은 정말 최악이었다. 6학년이 되자, 아빠가 나와 등산을 가던 길에 말했다.

"아무것도 잘하는 것 없는 사람이 하는 게 뭔 줄 아냐?"

"…."

"공부야. 이건 오래 앉아 있기만 하면 할 수 있어."

아빠 말은 맞았다. 공부에도 별다른 재능은 없었지만, 오래 앉아 있는 건 잘했다. 오직 오래 앉아 있는 습관으로 교사라는 직업까지 얻게 되었다.


이 직업이 아직 좋다. 그래도 가끔 상상해 본다. '내가 그때 야구부가 있는 학교로 갔다면 어땠을까? 내가 그때 축구부를 그만두지 않았다면 어땠을까? 내가 계속 피아노를 쳤다면 어땠을까? 내가 미술 학원에 계속 다녔다면, 지금은 조금 나아졌을까?'. 그때 내가 다른 길을 갔다면 지금 내 모습은 어떨지 궁금하다. 재능은 없어도 열심히 했다면 성공했을까? 아무리 열심히 해도 재능이 없어 처절하게 실패했을까?

하버드 대학교에서 한 가지 실험을 했다. 130명의 학생에게 러닝머신 위를 5분 동안 전속력으로 달리게 했다. 그게 전부였다. 5분 뒤 실험이 끝나자, 학생들은 러닝머신을 내려와 일상으로 돌아갔다. 진짜 실험은 그때부터였다. 연구팀은 2년마다 실험 참가자를 추적 조사했다. 조사는 무려 40년 동안 이어졌다. 40년이 지나자 직업적 성취도, 사회적 만족도, 심리적 행복이 눈에 띄게 높은 사람들이 나타났다. 연구진들은 그들의 공통점을 40년 전 실험에서 찾아냈다. 그들은 모두 러닝머신 위에서 체력의 한계가 온 순간 몇 발자국이라도 더 달리려고 애쓰던 이들이었다.

미국의 저명한 심리학자 앤젤라 더크워스는 한계에 다다랐을 때 끝까지 밀어붙이는 집념과 끈기를 '그릿'이라고 불렀다. 그녀는 성공에서 가장 중요한 요소는 '재능'이 아닌 '그릿'이라고 말한다. 그녀는 다양한 사례로 이를 증명한다. 학생뿐만 아니라 군인, 직장인, 교사 등을 대상으로 한 연구에서도 '재능' 지수가 높은 이들보다 '그릿' 지수가 높은 이들이 더 좋은 성과를 냈다. 이런 연구를 보면 기분이 좋다. 나처럼 그 어떤 재능도 없는 사람도 무엇이든 해낼 수 있다는 희망이 생기기 때문이다. 혼자 희미하게 웃으며 생각한다.

'뭐? 내가 손목이 가늘어서 야구를 못한다고? 내가 그날 야구부 갔으면 지금 메이저리거야!'

『그릿』에서 '성취=(재능)×(노력)$^2$'이라는 식이 나온다. 타고난 재능보다 노력이 성취에 더 큰 영향을 준다는 점이다. 책에서는 수많은 데이터로 이 식을 검증한다. 절대 포기하지 않는 투지, 끈기, 집념. 즉, '그릿'이 성공의 가장 큰 요인이라고 말한다. 물론 '재능이 더 중요한가, 그릿이 더 중요한가?'라는 질문은 사람마다 견해가 다르다. 뭐가 더 중요하든 상관없이 우리가 집중해야 할 점은 그릿이다. '타고난 재능'은 바꿀 수 없지만, '그릿'은 기를 수 있기 때문이다.

그릿을 기르기 위해서는 더 높은 목표를 가지고 의식적인 연습을 해야 한다. 성과가 당장 나지 않더라도 언젠가 다가올 좋은 날을 꿈꾸며 좌절하지 않아야 한다. 투지와 끈기를 가지고 목표를 향해 달려 나가야 한다. 그릿을 기르기 위해 가장 좋은 방법을 추천한다. 바로 달리기다. 달리기는 내 한계를 시험해 볼 수 있는 가장 좋은 도구다. 달리기를 하면서 수없이 많은 한계의 순간을 만났다. 좌절하고, 다시 도전하고, 마침내 이뤄 내기를 반복했다. 지금도 여전히 달릴 때마다 포기하고 싶은 마음이 든다. 그 순간에도 달리기를 멈추지 않으려 애쓴다. '재능이 없으면 끈기라도 있어야지.'라고 생각하며 마음을 다잡는다. 재능이 없는 사람이 끈기로 도달할 수 있는 한계는 어디까지인지 확인하고 싶어졌다.

미국의 영화배우 윌 스미스는 최고의 배우가 된 비결을 이렇게 말했다.

"내가 남들과 확실히 다른 점이 있다면 런닝머신 위에서 죽는 것도 두려워하지 않는 자세뿐입니다. 나보다 운동을 많이 하는 사람은 없을 겁니다. 물론 나보나 재능이 많은 사람, 똑똑한 사람, 매력이 넘쳐나는 사람들이 있겠죠. 하지만 나와 함께 런닝머신에 올라간다면 그 사람이 먼저 기권하거나 내가 죽거나 둘 중 하나입니다. 정말입니다."

정말 무서운 사람이다. 이런 사람과 대결은 피해야 한다. 하지만 그를 통해 깨닫는 점이 하나 있다. 성공은 무엇인가 빠르게 이루는 게 아니다. 끝까지 포기하지 않고 해내는 것이다. 달리기도 그렇다.

人一能之己百之 (인일능지 기백지)

남이 한 번 해서 그것에 능하면, 나는 그것을 백 번이라도 하고

人十能之己千之 (인십능지 기천지)

남이 열 번 해서 그것에 능하면, 나는 그것을 천 번이라도 한다.

果能此道矣 (과능차도의)

과연 이러한 도에 능하게 된다면

雖愚必明 (수우필명)

비록 어리석은 사람이라도 언젠가는 반드시 현명해질 것이며

雖柔必强 (수유필강)

비록 유약한 사람이라도 언젠가는 반드시 강해질 것이다.

- 『중용』

## 꾸준함은 성장의 유일한 비결

얼마 전 체육 시간에 준비 운동으로 달리기를 했다.

"여러분, 이쪽 골대에서 출발해서 저쪽 골대까지 달릴 겁니다. 다들 내가 달릴 수 있는 최고 속도로 달리세요! 준비! 시작!"

아이들은 열심히 달렸다. 나도 천천히 달리며 아이들이 달리는 모습을 보았다. 저마다 속도가 달랐다. 내 어린 시절이 생각날 정도로 느린 아이도 있고, '지금 내가 달리면 이길 수 있을까?' 생각이 들 정도로 빠른 아이도 있었다. 한번 확인해 보고 싶었다. 다시 아이들을 불러 모았다.

"달리기 한 번 더 하겠습니다. 준비! 시작!"

아이들과 함께 나도 달렸다. 빠르다고 생각했던 아이들 옆에서 최선을 다해 달렸다. 가장 빠른 아이를 사뿐히 따라잡는 모습을 보여 주고 싶었지만 실패했다. 조용히 여유 있는 표정을 지으며 아무 일도 없다는 듯 다음 활동을 하려 했다. 그런데 예리한 녀석 한 명이 말했다.

"얘들아! 선생님이 C보다 느려!"

나도 모르게 변명이 튀어나왔다.

"선생님이 운동화를 안 신고 와서 그래. 다음에 운동화 신고 오면 제대로 한 판 붙자."

구차하다 못해 구린 변명이었다.

단거리 달리기는 실력이 잘 늘지 않는다. 반대로 말하면 타고난 사람에게 유리하다. 원래 빠른 사람은 한동안 달리지 않아도 빠르게 달릴 수 있다. 얼마 전 친구들과 함께 10km 마라톤 대회를 함께 나갔다. 대회를 시작하기 전에 몸을 풀기 위해 50m 정도를 질주했다. 그때 평소에 전혀 달리지 않던 친구가 엄청난 속도로 우리를 앞질렀다. 나는 거의 매일같이 달리는데, 왜 내가 더 느릴까? 아! 억울하다. 심지어 난 겨우 초등학교 5학년 학생에게도 패배했다. 아! 정말 분하다.

장거리 달리기는 다르다. 꾸준히 하는 사람을 이기기는 쉽지 않다. 한때 달리기를 잘했어도 꾸준히 달리지 않는다면 꾸준한 사람에게 따라잡힌다. 아무리 빠른 사람이더라도 장거리 훈련이 되지 않았다면 그 속력을 유지하긴 힘들다. 나중에 느려진다고 해도 처음에 빠르게 달리면 먼저 도착하지 않을까? 절대 그렇지 않다. 이런 식으로 달리면 처음부터 끝까지 일정한 속도로 달리는 사람을 절대 이길 수 없다. 〈토끼와 거북이〉 이야기는 결코 창작이 아니다. 장거리 레이스를 정확히 고증한 우화다.

인생의 많은 부분은 단거리 레이스보단 장거리 레이스에 가깝다. 단기간에 성취할 수 있는 일은 별로 없다. 내가 이루고픈 무엇인가가 있다면, 당장 '꾸준함'부터 습관으로 만드는 것이 중요하다.

나는 평소에 느린 속도로 달린다. 공원을 천천히 달리다 보면 깨닫는 게 많다. 아무리 느린 속도더라도 꾸준하게 달리면 저 멀리 걷던 사람들을 추월한다. 나를 추월해 시야에서 사라졌던 러너가 벤치에서 쉬는 모습 보며 지나갈 때도 많다. 마라톤 대회를 나가도 마찬가지다. 무리하지 않고 그저 꾸준하게만 달려도 수많은 사람을 앞지를 수 있다. 장거리 승부에서 가장 중요한 덕목은 '재능'보단 '꾸준함'이다. 달리지 않는 '황영조' 선수가 꾸준히 달리는 '나'를 이길 순 없다.

공부도 마찬가지다. 꾸준함이 가장 중요하다. 지나치게 많은 학원에 다니고, 감당하기 어려울 정도로 선행 학습을 하는 아이들을 보면 가끔 안타깝다. 아이들이 고생하는 모습도 안쓰럽지만, 더 안타까운 이유는 따로 있다. 아이들이 하는 노력에 비해 결과가 그리 좋지 않을 가능성이 크기 때문이다. 공부. 특히 대학을 가기 위한 공부는 장거리 레이스인데, 100m 달리기처럼 하는 학생이 너무 많다. 단거리 종목에서는 스타트가 중요하다. 출발하자마자 승부가 결정된다고 봐도 과언이 아니다. 하지만 장거리 종목에서는 처음에 지나치게 빨리 달리면 오히려 독이 된다. 끝까지 그 속력을 유지하는 건 불가능하다. 가혹하지만 시험은 하나의 승부다. 단거리 레이스와 장거리 레이스의 차이점을 모르는 사람이 장거리 레이스에서 좋은 결과를 내기는 어렵다. 아이들이 노력한 대가를 제대로 보상받으려면 '장거리 레이스'의 속성을 정확히 알아야 한다. '장거리 레이스'에서 승리하는 유일한 비결은 '꾸준함'이다.

얼마 전 달리기를 시작한 친구가 있다. 달리기를 시작한 이유는 단순했다. '동대문 마라톤' 10km 대회에 나와 함께 나가기로 했다. 처음에는 5km도 한 번에 달리지 못하던 친구였다. 하루는 친구와 함께 뛰러 친구가 살고 있는 서울로 갔다. 그런데 친구는 달리다가 걷기를 반복하더니 4km 지점에서 결국 포기했다. 인천에서 서울까지 간 시간이 아까웠다. 다시 인천으로 돌아오는 지하철에서 생각했다. '동대문 마라톤은 나 혼자 뛰게 생겼네.' 그런데 친구는 매일같이 달리더니, 실력이 쑥쑥 늘었다. 다음에 함께 만나서 달릴 때는 10km도 무리 없이 달렸고, 어려운 인터벌 훈련도 성공했다. 결국 그 친구는 첫 10km 마라톤에서 46분이라는 놀라운 기록을 세웠다. 나는 1년도 더 걸려서 세운 기록인데…. 이제 곧 나를 따라잡을 게 분명하다. 서글프지만 어쩔 수 없다.

내가 좋아하는 한자가 있다. 바로 '항상 상(常)' 자다. '늘', '언제나'라는 뜻을 가진 이 한자는 또 다른 의미가 있다. 바로 '떳떳함'이다. 이 한자를 보면서 생각한다. 떳떳함이란 '늘', '언제나', '예외 없이' 무엇인가를 할 때 생기는 것이구나. 나는 '늘', '언제나', '예외를 두지 않고' 무엇을 해 본 적이 있는가? 핑계 대지 않고 꾸준히 한 무언가가 있는가? 없었다. 난 떳떳하지 못한 사람이다.

이제부터라도 함께 해 보자. 달리기가 아니어도 좋다. 새벽 기상도 좋고, 필사도 좋고, 영어 공부도 좋다. 무엇이든 '꾸준히 하고 싶은 일'을 하나 정해 보자. 그리고 바로 실행에 옮겨 보자. 한 달 동안 매일 같이 지키려고 노력해 보자. 실패하면 다시 도전하고, 실패하면 또다시 도전하고. 마침내 성공하는 순간. 우린 한 단계 성장할 것이다.

꾸준함은 성장의 유일한 비결이다.

# 오버페이스는 오바이트를 부른다


한동안 속도 욕심을 버렸다. 천천히 오래오래 달렸다. 1km를 6분에서 6분 30초 페이스로 달렸다. 겨울 동안 그렇게 느리게 달리다가, 2024년 2월 17일 동계국제마라톤 대회를 나갔다. 2024년 첫 10km 마라톤이었다. 천천히만 달리다 보니 빠르게 뛰는 법을 잊어버렸다. 내가 지금 어느 정도 속도로 달릴 수 있는지 알 수 없었다. 2024년에 나가는 첫 대회라서 좋은 기록을 내고 싶었다. 출발과 동시에 냅다 달렸다. 1km를 통과했을 때, 스마트 워치에서 현재 페이스를 알려 주었다.

'1km를 달리셨습니다. 현재 페이스는 4분 10초입니다.'

평소 내 속도보다 너무 빨랐다. 속도를 늦추지 않으면 큰 화를 불러일으킬 게 분명했다. 하지만 나는 쓸데없는 망상에 빠졌다.

'어쩌면 나 조금 빠를지도?'

역시나 아니었다. 엄청난 착각이었다. 그 속도는 내가 감당할 수 있는 속도가 아니었다. 1km가 지나자마자 속도는 떨어졌다. 숨은 점점 가빠 왔다. 속도를 올리고 싶어도 올릴 수가 없었다. 5km 반환점이 보였을 때 좌절감이 몰려왔다.

'아직도 절반밖에 안 왔다니….'

반환점을 돌고 나서는 몸이 완전히 말을 듣지 않았다. 속도는 점점 느려졌다. 나를 추월하는 사람들이 점점 늘어났다. 이대로 가면 안 되겠다 싶었다. 나를 추월한 한 분을 목표로 삼고, 무작정 따라갔다. 검정 티를 입은 러너 분의 등만 보며 달렸다. 그분을 놓치면 더 이상 달릴 수 없을 것 같았다. 목에서 피 맛이 나고, 속이 울렁거렸다. 아침을 먹지도 않는데, 음식물이 위에서 꿈틀거렸다. 조금만 방심하면 토가 나올 것 같았다. 온 정신을 호흡에 집중하며 식도로 올라오려는 음식물을 가라앉혔다. 10km가 이렇게 길게 느껴진 적은 처음이었다.

저 멀리 도착지가 보이기 시작했다. 손에 닿을 듯한 거리가 너무도 멀게 느껴졌다. 겨우 도착하고 바로 주저앉았다. 메달 받는 곳까지 갈 힘도 없었다. 달리기를 멈추었지만, 호흡은 안정을 찾지 못했다. '우웩' 하는 헛구역질이 나왔다. 옆에 계신 아저씨께서 괜찮냐고 물어봐 주셨다. '괜찮습니다.' 대답하는 중 호흡이 꼬여 또다시 헛구역질이 나왔다. 민망함을 내팽개치고 맨바닥에 드러누웠다. 심호흡하며 시계를 보았다. 43분 49초. 다행히 기록이라도 좋았다. 내가 45분 이내로 들어올 줄은 상상도 못 했다. 고통스러운 만큼 빨라지는구나. 그땐 그렇게 생각했다.

딱 한 달 뒤, 그 생각이 틀렸음을 알게 되었다. 2024년 동아 마라톤 10km 대회를 나갔다. 동아 마라톤은 나에게 의미 있는 대회였다. 내 인생 첫 10km 마라톤은 2023년 동아 마라톤이었다. 그땐 한 시간 안에 들어오는 게 목표였는데, 1년 동안 정말 많이 발전했다. 그날은 기록 욕심은 나지 않았다. 그저 즐겁게 달리고 나서, 풀코스를 나가시는 송도러닝크루분들을 응원하는 게 목적이었다. 지금까지 달리면서 내가 받은 수많은 환대를 다른 이들에게 돌려주러 가는 날이었다.

기쁜 마음으로 출발선에 섰다. 편안한 속도로 출발을 했다. 달리면서 내 몸과 대화를 나눴다.
"오늘 컨디션 좀 괜찮은 것 같은데, 조금만 더 빨리 뛰어 볼까?"
내 몸은 대답했다.
"좋아. 대신 너무 빨리 가지는 마."
아주 조금씩 속도를 올려 나갔다. 이상하게 힘들지 않았다. 다시 몸에 말을 걸었다.

"오늘 이상한데? 왜 안 힘들지?"

"그러게. 좀 더 달려 봐도 괜찮을 것 같아."

시계를 보니 한 달 전보다 빠른 속도였다. 그런데 몸은 훨씬 편안했다. 8km 지점에서 송도러닝크루의 응원을 받았다. 그 에너지를 받아 마지막 2km를 내달렸다. 10km가 전혀 길게 느껴지지 않았다. 오히려 너무 빨리 끝나 아쉬웠다. 기록을 확인했다. 딱 42분이었다. 또다시 내 최고 기록을 세웠다.

한 달 전 동계국제마라톤에선 10km가 너무 고통스럽고 길었다. 동아 마라톤에선 오히려 더 달리고 싶을 정도로 10km가 짧게 느껴졌다. 하지만 속도는 동아 마라톤에서 더 빨랐다. 차이가 무엇일까? 바로 오버페이스였다. 오버페이스는 욕심에서 나온다. 내가 가진 그릇의 크기보다 더 많은 것을 담으려는 욕심. 내가 투입한 노력보다 훨씬 더 좋은 결과를 얻고 싶은 욕심. 내 능력 이상을 발휘하고 싶은 욕심. 욕심은 언제나 화를 부른다.

특히 달리기는 이 욕심을 처절하게 응징한다. 초반에 오버페이스를 하면 중반부터 달리기는 급격히 힘들어진다. 속된 말로 한 방에 훅 간다. 다리는 말을 듣지 않고, 심장은 요동친다. 속도는 급격하게 느려진다. 한 번 느려진 속도는 회복할 수 없다. 평소엔 가볍게 달리던 거리가 너무나 멀게 느껴진다. 자포자기한 상태로 완주를 하기도 하고, 레이스를 중간에 포기하는 러너도 있다. 결승점을 통과하고 나서도 고통은 사라지지 않는다. 심지어 집에 돌아와서도 숨이 찬다. 침대에 누워 천장만 바라본다. 아무것도 할 수 없다.

마라톤 페이스는 크게 3가지로 나뉜다. 처음부터 끝까지 비슷한 속도로 달리는 '이븐 페이스'. 처음보다 조금씩 속도를 올려 나가는 '네거티브 페이스'. 처음보다 조금씩 속도가 줄어드는 '포지티브 페이스'. 최악은 '포지티브 페이스'이다. 처음에 넘쳐 나는 힘을 조절하지 못하고 냅다 달린다면, 중반부터 레이스는 지옥이 된다. 결국 일그러진 표정으로 결승점에 도착하게 된다. 이상적인 달리기 페이스는 '이븐 페이스'와 '포지티브 페이스'이다. 이를 위해선 내 페이스를 정확히 알아야 한다. 내가 견딜 수 있는 속도를 찾고 처음부터 끝까지 일정하게 달려야 한다. 혹여나 마지막에도 힘이 남는다면 그땐 좀 더 빠르게 달려도 좋다.

마라톤에서 사람들은 같은 결승점을 향해 달리지만, 목표는 서로 다르다. 누군가는 1등을 목표로 달린다. 누군가는 과거의 나를 이기기 위해 달린다. 누군가는 완주를 목표로 달리고, 누군가는 함께 달리는 이의 완주를 돕기 위해 달린다. 저마다 자신만의 목표를 위해 달리지만, 공통의 목표가 하나 있다. 행복하게 결승점을 통과하는 것. 이 목표를 이루려면 다른 사람들을 신경 쓰면 안 된다. 내 목표를 잊고, 남들을 쫓아가면 달리기를 망친다. 고통스러운 얼굴로 결승점을 통과하게 된다. 어쩌면 결승점에 도달하지 못할 수도 있다. 웃으며 결승점을 통과하기 위해서는 남들보다 뒤처지는 걸 두려워 말고 견뎌야 한다.

삶도 마찬가지가 아닐까. 내 속도를 찾아야 한다. 편한 호흡으로 가야 한다. 초반 레이스에서 조급할 필요가 없다. 중요한 건 마지막 순간이다. 결승점을 통과하는 그 순간 웃을 수 있어야 한다. 혼자만 교원 임용 시험에서 떨어졌던 동기 형은 1년 뒤, 다시 한번 시험을 쳐 교사가 되었다. 교직이 맞지 않아 떠난 동기 한 명은 1년 동안 수능을 준비해 약대에 들어갔다. 남부럽지 않을 연봉의 대기업을 다니던 친한 형은 회사를 그만두고 목수가 되었다.

마라톤처럼 삶도 저마다 다른 목표를 가지고 살아간다. 중요한 건 행복하게 살고 있는가이다. 요즘은 100세 시대라고 한다. 50대가 지나도 겨우 레이스의 중반이다. 긴 인생의 초반을 얼마나 빠르게 달렸는지는 중요하지 않다. 이때 남들보다 조금 뒤처진다는 건, 긴 승부를 생각하면 차이가 없는 것이나 다름없다. 마지막 결승점에서 웃을 수 있어야 한다. 남들의 페이스를 따라가다가는 마라톤도 인생도 망친다. 남들의 속도가 아닌 내 속도를 찾아야 한다. 그 속도로 끝까지 달려 나가면 된다. 그뿐이다.

나처럼 오버페이스로 달리다가 오바이트가 나오는 경험을 하지 않길. 부디 인생이란 마라톤은 모두가 웃으며 결승선을 통과하길.

## 함께라서 행복해요

송도러닝크루와 함께한 첫날을 떠올려 본다. 송도러닝크루는 먼저 크루 활동을 하던 지인을 통해 알게 되었다. 내가 달리기에 재미를 붙여 가고 있다는 걸 알아차린 그가 먼저 제안했다.

"형, 송도에도 러닝크루가 있어요. 다음에 시간 나시면 같이 뛰어요."

당시는 '러닝크루'라는 말도 익숙지 않았다. 함께 달리면 어떤 느낌일지 궁금했다. 그에게 참여 방법을 묻자, 친절히 알려 주었다.

2022년 겨울. 크리스마스는 지났지만, 아직 크리스마스 분위기는 남아 있던 날. 처음으로 송도러닝크루 정규런에 참여했다. 시간에 맞춰 집합 장소로 나갔다. 도착하자 누가 봐도 러너 같은 사람들이 모여 있었다. 쭈뼛쭈뼛 그들에게 다가갔다. 처음으로 눈이 마주친 분께 다가가서 웅얼웅얼 말했다.

"저, 오늘 처음 왔는데요…."

그분께서는 친절히 대답해 주셨다.

"저기 보이는 저분께 가서 출석 체크 하시면 됩니다."

출석 체크를 하고 무리와 조금 떨어져 섰다. 아무렇지도 않은 척하며 몸을 푸는 척을 했다. 괜히 발목도 돌려 보고, 기지개도 켜 보았다. 나에게 송도러닝크루를 소개해 주었던 지인이 빨리 오기만을 기다렸다. 그는 도무지 올 생각을 하지 않았다. 결국 그는 끝까지 모습을 보이지 않았다.


별과 달 중에 누가 더 외로울까?

힌트는 별은 무수히 많은데 달은 혼자라는 것.

그래, 별이 더 외롭지.

무수히 많은 속에 혼자인 게 훨씬 더 외롭지.

당신처럼, 나처럼.

- 「별과 달 중에」, 정철


시간이 되자 흩어져 있던 모두가 모였다. 준비 운동을 한 뒤, 그룹을 나누어 달렸다. 나는 B 그룹이었다. 처음 가본 장소인 '달빛공원'. 잔잔한 물결과 다리의 조명이 잘 어우러지는 공원이었다. 달릴 때도 모두가 별말은 없었다. 원래 그런 건가? 많이 어색했다. 그래도 함께 달리니 평소보다 몸이 가벼웠다. 금세 7.5km를 달렸다. 늘 혼자서 뛰다가 수많은 러너와 함께하는 기분은 새로웠다. 어색함과 민망함을 이겨 낼 정도로 만족스러웠다. 그날 이후 아주 조금씩 송도러닝크루에 스며들었다. 이제 송도러닝크루는 내 달리기 생활에서 **빼놓을 수 없는 한 부분**이 되었다.

최근 러닝크루를 부정적으로 바라보는 시각이 많아졌다. 러닝 크루가 시민들에게 많은 불편을 끼친다는 기사도 나온다. 무리 지어 달리며 산책하는 시민들의 통행을 방해하는 행위. 달리는 사진을 찍기 위해 인도나 차도를 막는 행위. 모든 시민을 위한 체육 시설을 전세 낸 것처럼 사용하는 행위. 소음을 유발하며 다른 사람에게 피해를 끼친 행위 등. 비판받아 마땅할 수많은 행위를 보면서 나도 달리며 누군가에게 불편함을 끼친 적은 없는지 되돌아보는 계기가 되었다. 달리기 열풍이 불고 러닝 인구가 늘어나면서 자연스레 러닝크루도 많아졌다. 급격한 양적인 팽창 과정에서 겪는 부작용이라고 생각한다. 마음껏 달릴 자유는 언제까지나 타인의 자유를 침해하지 않는 범위 내에서 허용된다. 혹여나 내 달리기로 피해당한 누군가가 있다면 진심으로 죄송하다.

하지만 다소 과한 비난들도 있다. 잘못된 행동을 넘어서 크루 문화

자체를, 심지어 달리기 자체를 비난하는 이들도 보인다. '보여 주기 위해 달리는 이들', '유행 따라 휩쓸리는 이들', '달리기보단 이성이 목적인 이들'. 이런 원색적인 비난에는 대꾸하기도 싫다. '골프, 테니스 치다가 돈 떨어져서 이제 달리기네!'라는 비난은 서글프다. 그래. 돈 없다. 골프, 테니스는 쳐 본 적도 없다. 그래서 당신이 러닝화라도 하나 사 준 적 있나? 다시 생각해도 눈물 나네.

마지막으로 '달리기는 혼자 하는 운동입니다.', '진짜 잘하는 사람들은 다 혼자 뜀.' 같은 비판은 일부 인정한다. 달리기는 충분히 혼자서 할 수 있다. 배드민턴이나 테니스처럼 대결 상대가 필요하지 않다. 나 역시도 대부분 혼자 달린다. 내가 좋아하는 락밴드의 노래를 들으며, 누구의 방해도 받지 않고, 내가 원하는 속도로 달릴 수 있어서 좋다. 하지만 달리기도 분명 함께하면 좋은 점들이 많다. 특히나 러닝크루 활동도 장점이 매우 많다.

첫째, 고수가 많다. 배움의 가장 빠른 길은 그 분야의 고수에게 직접 배우는 것이다. 송도러닝크루엔 고수를 넘어 괴수가 되신 분들이 많았다. 덕분에 돈 한 푼 내지 않고, 돈 주고도 못 배울 여러 달리기 노하우를 배울 수 있었다. 평소 달릴 때 속도는 어느 정도가 괜찮은지, 한 달에 얼마나 달려야 하프 코스, 풀코스를 완주할 수 있는지, 더 먼 거리를 달리기 위해서는 어떤 훈련을 해야 하는지, 좀 더 빠르게 달리기 위해선 어떻게 해야 하는지, 언덕을 올라갈 땐 어떻게 달려야 하는지, 내리막길에선 어떻게 달려야 하는지. 이 모든 노하우를 송도러닝크루에서 배웠다. 덕분에 달리기 실력도 늘었고, 달리기가 더 즐거워졌다.

둘째, 포기하고 싶을 때 큰 힘을 준다. 군대에서 40km 행군을 한 적이 있다. 무거운 군장을 메고 출발할 때, 이런 생각을 했다.

"이런 걸 왜 하는 거야. 끝까지 할 수 있을까? 오늘 중도 포기하는 애들 많을 것 같은데…."

나는 중도 포기할 것 같은 동기들을 짐작해 보았다. 평소에 체력이 좋지 않던 동기들이 떠올랐다. 그런데 생각보다 낙오한 이들이 없었다. 대부분이 40km 행군을 완주했다. 행군이 끝나고 생활관에 들어와 친한 동기에게 솔직하게 말했다.

"야! 내가 오늘 무슨 생각으로 간 줄 아냐? 와! 쟤도 하는데 내가 못한다고? 이 생각으로 끝까지 왔다."

그러자 그 동기가 갑자기 깔깔 웃으며 말했다.

"와! 형도 그 생각했어? 나도 그랬어! '저렇게 늙은 형도 가는데, 내가 멈추면 안 되겠다.' 이 악물고 버텼지."

달리기도 마찬가지다. 혼자였다면 달리기를 멈추거나 속도를 늦추고 싶은 순간도 함께 하면 좀 더 버틸 수 있다. 힘든 훈련일수록 함께 해야 성공할 확률이 높다. 함께 한다는 건 그런 힘이 있다.

셋째, 마라톤 대회 때 엄청난 응원을 받을 수 있다. 딱 한 번 혼자서 마라톤 대회를 나가 본 적이 있다. 나 혼자 준비 운동을 하고, 나 혼자 출발선에 서고, 나 혼자 달리고, 나 혼자 결승점을 통과하고, 나 혼자 메달을 받고, 나 혼자 간식을 먹었다. 사진이라도 한 장 남기고 싶어서 지나가는 분께 부탁드렸다.

"혹시 사진 한 장만 찍어 주실 수 있나요?"

민망함에 별다른 포즈도 취하지 못했다. 사진이 별로 마음에 들지 않았지만, 어쩔 수 없었다. 그냥 그렇게 집으로 돌아왔다. 그날 이후 다짐했다. 절대 혼자서는 마라톤 대회에 나가지 않겠다고.

크루와 함께 나가는 마라톤은 즐겁다. 대회장에 도착하면 오늘 목표를 서로 나눈다. 함께 준비 운동을 하고, 단체 사진도 찍는다. 출발선에서 기다릴 때도 외롭지 않다. 달리는 중에도 서로 응원을 나눈다. 오직 달리는 크루원을 응원하기 위해 이른 아침부터 나오시는 분들도 있다. 달리다 멈추고 싶은 순간에도 크루 깃발이 보이면 저절로 힘이 난다. 저 깃발까지 빨리 가고 싶다는 의지가 샘솟는다. 가끔은 열렬한 응원이 오버페이스를 부르기도 하지만, 덕분에 훨씬 더 즐겁게 달릴 수 있다.

인터넷 공간은 얼핏 보면 이상적인 담론의 장처럼 보인다. 누구나 담론에 참여할 수 있고, 자유롭게 생각을 표현할 수 있다. 하지만 인터넷 공간에서 대중은 현실 세계보다 더 엄격하다. 지나친 완벽을 추구한다. 누군가의 실수나 잘못을 그냥 넘어가는 법이 없다. 이때다 싶어 엄청난 비판을 퍼붓는다. 비판을 넘어선 비난과 조롱도 거침없이 내뱉는다. 가장 자유로운 담론장이었던 인터넷 공간은 현실보다 더 위축된 검열의 공간이 되었다.

사람은 누구나 실수를 한다. 경솔한 행동을 하거나, 타인에게 상처를 주기도 한다. 달리기를 좋아하는 사람들이 함께 모인 러닝크루도 마찬가지다. 달리는 사람들이 달리지 않는 사람들에게 불편함을 초래했다. 이는 분명한 사실이고, 러닝크루의 잘못이다. 하지만 충분히 개선될 여지가 있는 잘못이 인터넷 공간을 통해 순식간에 전파되고, 수많은 사람에게 비난과 조롱을 받는다. 크루 문화와 달리기의 긍정적인 면은 어느 순간 수면 아래로 가라앉는다. 이런 분위기에서 과연 위축되지 않을 사람이 있을까? 이게 과연 올바른 비판 문화인가?

달리기도 혼자 해도 좋고 함께 해도 좋은 운동이다. 러닝크루 활동도 달리기를 한층 더 즐겁게 만들어 줄 수 있다. 크루 없이 달리기를 할 수 없는 건 아니지만, 크루 덕에 나는 달리기가 훨씬 다채로워졌다. 크루 활동을 하는 이들이나 달리기를 즐기는 이들이 너무 위축되지 않았으면 한다. 달리는 사람과 달리지 않는 사람은 결코 대결 관계가 아니다. 서로 조심하고, 서로를 존중하면서 더 많은 사람이 달리는 세상이 되면 좋겠다.

## 서툰 러너에겐 장비빨이 최고다

난 물욕이 없다. 먹고 싶은 건 많지만, 갖고 싶은 건 별로 없다. 내 옷장에 내가 산 옷은 거의 없다. 대부분 아내가 사 준 옷이다. 취미 생활을 할 때도 굳이 장비를 갖춰야 할 필요성을 느끼지 못했다. 주짓수를 할 때도 처음 등록할 때 받았던 기본 도복만 입었다. 격투기를 할 때도 파이트 쇼츠 한 번 산 적이 없다. 심지어 시합을 나갈 때도 관장님의 파이트 쇼츠를 빌려 입었다. 차마 마우스피스까진 빌릴 수가 없어서 하나 샀다.

달리기할 때도 마찬가지였다. 처음 달리기를 할 땐 그냥 아무 신발이나 신고 달렸다. 물론 구두나 슬리퍼를 신고 달리진 않았지만, 러닝화가 뭔지도 몰랐다. 난 운동화를 신고 달렸다. 그냥 운동화. '오늘 체육 들었으니까 운동화 신고 가!'라고 엄마가 말하던 운동화. 슬리퍼, 샌들, 캔버스화, 구두 말고 운동화. 바닥이 폭삭폭삭한 운동화. 헬스장에서도 신을 수 있고, 외출할 때도 신을 수 있고, 달릴 때도 신을 수 있는 운동화. 그중에서도 까만 운동화를 신고 달렸다.

러닝크루에 몇 번 참석하고 난 뒤, 러닝화라는 게 있다는 걸 알게 되었다. 러닝크루에선 러닝화만 보면 척척 이름을 다 맞추시는 분들이 계셨다. 대화 중 신발 이야기가 나왔는데, 나는 도무지 무슨 말인지 알 수가 없었다. 신발 가격을 여쭤보니 보통 20만 원 정도에 비싼 신발은 30만 원도 넘는다고 했다. '그냥 아무거나 신고 달리면 되지.'라고 생각하며 가만히 듣고 고개만 끄덕였다. 그때 갑자기 나에게 질문이 날아왔다.

"이 신발은 처음 보는 신발인데 혹시 뭐예요?"

"아…. 이건 그냥 운동화요."

다음 날 아내와 함께 아울렛에 있는 나이키 매장에 갔다. 지금 보니 신발이 분류되어 있었다. 패션화, 축구화, 농구화, 트레이닝화. 그리고 러닝화. 'Running'이라고 쓰인 곳으로 갔다. 겉으로 보기엔 내가 신던 운동화와 비슷했다. 아내는 한번 신어나 보라고 했다. 내 사이즈를 찾고 한쪽만 신어 보았다. 왼발은 운동화, 오른발은 러닝화. 왼발과 오른발을 비교해 보았다. 그런데 오른발이 너무나 가벼웠다. 신발을 신지 않은 것처럼 가벼웠다. 흥분된 표정으로 아내에게 말했다.

"오른발은 신발을 안 신은 것 같아! 날아갈 것 같아!"

그동안 나만 무거운 운동화를 신고 달렸다니⋯. 억울했다. 바로 그 신발을 집어 들고 계산대로 갔다. 러닝화라 비싼 줄 알았는데, 가격은 7만 원도 되지 않았다. 내 인생 첫 러닝화를 갖게 된 순간이었다.

7만 원짜리 러닝화로 1년 정도 열심히 달렸다. 7만 원짜리도 이렇게 가벼운데, 무슨 20만 원, 30만 원짜리 신발을 사나 싶었다. 굳이 필요 없는 사치라고 생각했다. 그런데 어느 날 내 러닝화가 딱해 보였다. 주인 잘못 만나서 너무 혹사당하는 것 같았다. 러닝화를 하나 더 사서 번갈아 가며 신어야겠다는 생각이 들었다. 마침 당시 한 크루원께서 나이키 온라인몰 할인 소식을 전해 주셨다. 절호의 찬스였다. 나이키 온라인 쇼핑몰에 들어갔다.

문제가 하나 생겼다. 신발이 너무 많았다. 무슨 신발을 사야 할지 알 수가 없었다. 크루원 한 분께 도움을 청했다. 그분께서 매일 신기 좋은 러닝화 하나를 추천해 주셨다. 추천해 주신 러닝화를 온라인 쇼핑몰에서 검색했다. 가격을 보고 깜짝 놀랐다. 무려 20만 원이었다! 많은 생각이 들었다. 러닝화에 20만 원을 태워? 그럴 만한 가치가 있을까? 한참을 고민하다 결국 지르고 말았다. 다음 날 퇴근하니, 집에 새로운 러닝화가 놓여 있었다.

비싼 게 좋긴 좋더라. 훨씬 가볍고, 안정적이고, 탄력도 좋더라. 새 러닝화를 신고 동네를 한 바퀴 달렸다. 집에 돌아와서 1년 전 했던 생각을 다시 한번 했다.

'또 나만 빼고 다들 이렇게 좋은 신발 신고 달렸던 거야? 억울해!'

원래 있던 러닝화와 번갈아 가며 신으려 했지만, 도무지 예전 러닝화를 신을 수 없었다. 둘 사이 격차가 너무 심했다. 또다시 나는 새로 산 러닝화를 혹사했다. 장인은 도구 탓을 하지 않는다지만, 서툰 러너에겐 장비빨이 최고다.

그날 이후, 자본주의에 푹 빠져들었다. 20만 원짜리 러닝화를 살 때 한참을 고민하던 내가, 30만 원짜리 러닝화를 사기까진 오랜 시간이 걸리지 않았다. 얼마 뒤, 나는 30만 원짜리 러닝화를 하나 더 샀다. 무슨 신발을 또 샀냐는 아내의 비난에 나는 합리적으로 답했다.

"이게 진짜 구하기 어려운 거야. 이거 지금 바로 팔면 50만 원도 넘어!"

"화 진짜 갖다 팔아 버릴까 보다."

혹여나 정말 팔아 버릴까 봐. 새 신을 신고 바로 동네 한 바퀴 달리고 왔다. 이제 더 이상 새 신발이 아니니 팔긴 어려울 거다.

신발뿐만이 아니다. 달리기할 때 꼭 필요한 스마트 워치. 추운 겨울 바람을 막아 줄 바람막이. 얼어붙는 손을 보호해 주는 러닝 장갑. 이

마에 흐르는 땀이 눈에 들어가는 걸 막아 주는 헤어 밴드. 발목 부상을 막아 주는 러닝용 양말. 휴대폰을 보관할 러닝 벨트. 냉장고를 가득 채운 이온 음료. 아직도 저 얇은 천 조각이 왜 이렇게 비싼지 이해가 안 되는 싱글렛(민소매 티). 이 밖에도 내 소비의 대부분은 달리기를 위해 쓰인다. 나는 이를 정당화하기 위해 애쓴다.

"내가 예전처럼 격투기를 하거나, 크로스핏을 했다면? 회비가 매달 20만 원 정도 나가니까, 1년이면 240만 원! 그럼 러닝화가 8켤레니까 아직은 오히려 흑자네, 흑자! 헬스장을 다녔다면 한 달에 10만 원이면 1년에 120만 원 그럼 러닝화가 4켤레니까 그래도 아직 흑자네, 흑자!"

좋은 장비의 장점은 오직 기능에만 국한되는 건 아니다. 좋은 장비를 갖추면 마음가짐이 달라진다. 더 빨리 달리고 싶고, 더 오래 달리고 싶어진다. 결국엔 달리기가 더 즐거워진다.

그러니 다들
새 신을 신고 뛰어 보자 팔짝.
머리가 하늘까지 닿도록.
새 신을 신고 달려 보자 휙휙.
단숨에 높은 산도 넘도록.

# 5장

# 비록 가느다란

# 두 다리지만

오직 나만을 위해 달리고 있는 나.

그런 나를 위해 이렇게 과분한 응원을 보내 주는 이들.


너무나도 감사했지만, 말 한마디 건넬 힘이 없었다.

그날 미처 전하지 못한 화답을 지금이라도 전하고 싶다.


"정말 감사했습니다."

# 마라톤을 나가자고요?

### (2022년 10월 19일 송도 국제마라톤)

기원전 6세기. 동양과 서양이 최초로 맞붙는다. 동양의 대표는 서아시아를 평정한 페르시아 제국. 서양의 대표는 아테나, 스파르타 등 여러 도시 국가들이 발달한 그리스. 당시 페르시아는 엄청난 대제국이었다. 그리스는 페르시아에 비하면 한 줌의 흙이었다. 페르시아는 대규모 함대를 이끌고 그리스 본토를 공격하려 한다. 그리스군은 두려움에 떨며 페르시아군을 기다린다. 그러나 아무 일도 일어나지 않는다. 페르시아 함대는 강한 폭풍을 이기지 못하고 전멸한다. 1차 그리스−페르시아 전쟁은 이렇게 싱겁게 끝난다.

페르시아는 포기하지 않는다. 다시 한번 함대를 모은다. 그리스의 수많은 섬을 정복하며 앞으로 나아간다. 페르시아군은 그리스 아테네와 아주 가까운 마라톤에 도착한다. 페르시아군의 규모는 약 7만 명이었다. 아테네군의 사령관 '밀티아데스'는 페르시아군이 마라톤으로 상륙할 것을 예측한다. 아테네에 있던 병력 대부분을 마라톤으로 데려온다. 그 수는 단 1만 명. 페르시아군에 비하면 상대가 안 되는 숫자였다. 하지만 아테네군은 전투에서 승리한다. 사령관 '밀티아데스'의 뛰어난 전략과 아테네인들의 투지 덕분이다.

'밀티아데스'는 승리를 자축할 새가 없었다. 그는 페르시아군이 도망친 것이 아니라 아테네 쪽으로 방향을 돌렸음을 간파한다. 마라톤에서 아테네까지 해로는 육로보다 멀었다. '밀티아데스'는 전령에게 당장 육로로 달려가서 아테네인들에게 경고하라고 말한다. 전령은 마라톤에서 아테네까지 죽을힘을 다해 달려간다. 아테네에 도착한 전령은 말한다.

"우리 그리스가 이겼다! 곧 그리스군이 아테네를 지키러 올 테니, 걱정하지 말고 기다려라!"

그리곤 그 전령은 그 자리에 쓰러져 숨을 거둔다. 마라톤에서 아테네까지 그 전령이 달린 거리는 42.195km. 이후 우린 42.195km라는 어마어마한 거리를 달리는 육상 종목을 '마라톤'이라고 부른다.

몇 년 전 크로스핏을 배운 적이 있다. 크로스핏은 여러 가지 고강도 기능성 운동을 섞어 수행하는 운동이다. 한 마디로 엄청나게 힘든 운동이다. 그래서 얼마 버티지 못하고 그만두었다. 몇 달 다니지도 않고 그만둔 크로스핏 체육관에서 가장 기억에 남는 일이 하나 있다. 크로스핏을 함께 다니던 회원분들과 난생처음 마라톤 대회를 나간 일이다.

어느 날 크로스핏 체육관에 도착하자마자 코치님께서 물으셨다.

"비오 님, 혹시 마라톤 좋아하세요?"

질문이 잘못되었다. 마라톤을 해 본 적이 없는데 어떻게 좋아하는가? 나는 솔직하게 대답했다.

"제가 마라톤을 한 번도 해 본 적이 없어서요."

코치님은 기다렸다는 듯이 말했다.

"혹시 10월 29일에 송도국제마라톤대회 저희 회원분들이랑 같이 나가 보실래요?"

그리고 옆에 있던 다른 회원님께서 기다렸다는 듯이 거들었다.

"5km밖에 안 뛰어요! 별일 없으면 같이 해요!"

얼떨결에 마라톤을 나도 해야 할 것 같은 분위기가 되었다. 10월 29일. 별일이 없기도 했다. 나는 무엇인가 홀린 듯 대답했다.

"네. 나가 보겠습니다."

사실 마라톤을 나가 보고 싶었다. 1년 전쯤에 달리기를 즐겼다. 당시는 주로 3km 정도를 달렸다. 가끔 웅대한 도전을 하고 싶은 날 5km를 달렸다. 그렇게 조금씩 달릴 수 있는 거리가 늘어났다. 저절로 마라톤에도 관심이 생겼다. 마라톤 대회가 없나 찾아봤지만, 코로나 19가 세상을 잠식한 시기인지라 비대면 마라톤뿐이었다. '마라톤을 어떻게 비대면으로 할 수 있지?' 궁금했다. 확인해 보니 마라톤 주최사에서 주는 칩을 끼우고 정해진 코스를 그냥 혼자서 뛰는 것이었다. 마라톤이 끝나면 자신의 기록을 주최사에 보내 주기만 하면 된다. 모두가 함께 정해진 목표를 향해 달리는 그 분위기를 느껴 보고 싶었는데 혼자서 뛰어야 한다니. 이게 마라톤이 맞나 싶어 참가하지 않기로 했다. 날씨가 더워지자 달리기에도 흥미가 떨어졌다. 마라톤을 해 보겠다는 꿈을 잊고 살았는데 우연한 기회에 그 꿈을 이룰 수 있게 되었다.

인생 첫 마라톤을 하는 날. 5km밖에 되지 않는 단축 마라톤이었지만, 인생 첫 마라톤이라고 생각하니 설렜다. 난관도 있었다. 전날 술자리가 있었다. 인생 첫 마라톤을 망치지 않기 위해 조금만 마시겠다고 다짐하며 갔다. 역시나 실패했다. 평소보단 훨씬 조금 마셨지만, 부작용으로 다른 음식을 너무 많이 먹었다. 집에 돌아오니 배가 터질 듯했다. 후회가 되었다.

'이 상태로 내일 뛸 수 있을까. 내일 8시까지 도착해야 하는데 일어날 수는 있을까….'

다행히 일찍 일어나는 습관은 어디 가지 않았다. 6시쯤에 눈이 떠졌다. 배가 더부룩했고, 술기운이 완전히 사라지지는 않았다. 한숨 더 자고 싶은 마음을 꾹 참고 샤워를 했다. 씻고 나니 조금 기운이 생겼다. 주섬주섬 옷을 입고 아직 누워 있는 아내에게 얼른 갔다 오겠다고 했다. 나도 다시 침대에 드러눕고 싶었다. 마음속으로 되뇌었다.

'5km는 껌이지. 금방이야. 얼른 하고 다시 자자.'

송도 국제마라톤이 열리는 인천대학교에 도착하자 수많은 사람이 보였다. '우리나라에 이렇게 달리는 사람들이 많았구나.' 싶었다. 벌써 트랙을 뛰고 계시는 분들도 많았다. 분명 9시에 시작한다고 했는데, 저분들은 왜 벌써 뛰고 계시는 걸까? 나 같은 애송이는 알지 못하는 고수들만의 루틴인가? 한 가지 놀라웠던 점은 마라톤 대회가 남녀노소 모두가 즐기는 축제였다는 점이다. 마라토너들이 입는 민소매 티셔츠를 입고 트랙을 뛰고 있는 할아버지, 할머니들의 모습은 너무나 멋졌다. 달리기는 평생 할 수 있는 좋은 운동이라는 생각이 들었다.

우리 크로스핏 체육관 부스로 가서 번호판을 받았다. 도착한 다른 회원분들과 간단한 인사를 나누었다. 나처럼 첫 마라톤이신 분들이 많았다. 내가 느끼는 설렘을 그들도 느끼고 있었다. 오늘을 위해 새로운 러닝화를 준비하신 분도 계셨고, 첫 마라톤을 기념하기 위해 여기저기서 사진을 남기시는 분도 계셨다.

9시가 가까워지자 방송이 나왔다.

"5km 마라톤 참가자분들은 출발선으로 이동해 주세요!"

크로스핏 회원분들과 운동장에서 마지막 사진을 남긴 후에 출발선으로 향했다. 손에 휴대폰을 들고 가다가 문득 방해되지 않을까 생각이 들었다. 옆에 있는 분께 여쭤보았다.

"혹시 휴대폰 챙기셨나요?"

"아니요. 저는 가방에 넣어 두고 왔어요."

나도 두고 와야 하나 고민하던 중 다른 분께서 말씀하셨다.

"두고 오시는 게 좋을 것 같아요."

그 말을 듣고 주저 없이 부스로 뛰어간 후에 가방에 휴대폰을 넣었다. 잠시 후 이 행동을 매우 후회하게 된다.

출발선은 꽤 멀었다. 가는 동안 다른 회원분들과 이야기를 나눴다. 다들 마라톤은 처음이라고 하셨다. 그때 한 분이 말씀하셨다.

"5km는 기록도 따로 측정 안 해 준대요. 그래도 돈 내고 뛰는 건데 너무하지 않아요?"

기록에 관심이 없었지만, 그 말을 듣고 보니 너무한 것 같았다. 아무리 못 뛰더라도 첫 마라톤인데. 갑자기 기록을 재고 싶었다. 그때 휴대폰을 가지고 오지 않은 것이 후회되었다. 당시 나에겐 스마트 워치 따윈 없었다. 달리기 어플이라도 켜 놓고 뛰면 몇 분 만에 도착했는지 알 수 있을 텐데. 내 인생 첫 마라톤 기록을 남길 수 있을 텐데. 옆에 계신 다른 회원분께 물었다.

"혹시 휴대폰으로 기록 측정하실 건가요?"

"네! 여기서 안 해 준다니 스스로 해야죠."

그분을 따라가면 대충이라도 기록을 알 수 있겠다 싶어 구차한 부탁을 드렸다.

"제가 휴대폰을 두고 와서 같이 좀 뛰어도 될까요? 그냥 원래대로 뛰시면 알아서 따라가겠습니다. 너무 빠르시면 제가 그냥 포기할 테니 버리고 가셔도 괜찮아요."

부담스러운 부탁에도 그분은 웃으며 대답해 주셨다.

"네! 같이 뛰면 좋죠."


출발선에 가까워지자 점점 실감이 났다. 이렇게 수많은 사람과 함께 뛸 생각을 하니 설렜다. '도대체 몇 명이 참석했을까?', '이렇게 많은 사람 중에 나는 몇 등을 할 수 있을까?', '달리는 사람들이 우리나라에 이렇게 많았구나' 생각하다 보니 출발선에 도착했다. 모두 함께 카운트다운을 하고 내 인생 첫 마라톤이 시작되었다.

처음 1km는 사람이 너무 많았다. 내가 지금 마라톤을 하는지 사람 피하기를 하는지 헷갈렸다. 수많은 사람 속에서 함께 뛰기로 약속했던 분을 잃어버릴까 봐 노심초사했다. 그분에게 시선을 떼지 않으려 애쓰며 뛰었다. 1km 구간을 지나자 사람이 조금씩 줄어들었다. 함께 뛰던 분과 이제 나란히 뛸 수 있게 되었다. 그분께서 말씀하셨다.

"사람들 피하면서 뛰다 보니 200m는 더 뛴 것 같네요."

공감하며 대답했다.

"그러니까요. 이제 조금 사람들이 없어서 좋네요."

나는 아직 반환점이 보이지도 않는데, 벌써 반환점을 지나 반대편으로 돌아오는 분들이 보였다. 날리는 자세, 속도 모든 면에서 뛰어났다. 그분들을 보니 조금 더 분발해야겠다는 생각이 들었다. 반환점을 돌고 속도를 조금 더 높였다. 함께 뛰던 분이 보이지 않기 시작했다. 뒤를 돌아볼 힘도 없어 그냥 앞만 보고 달렸다. 멈추지 않고 달리다 보니 한 명씩 따라잡을 수 있었다. 그 기분이 좋았다. 계속해서 앞에 보이는 사람을 따라잡겠다는 목표를 가지고 뛰었다. 예상보다 많은 사람을 따라잡았다. 그리고 마지막 결승점이 저 멀리 보였다.

결승점에 도착하자 진행자분께서 격려를 해 주셨다. 진짜 마라톤 경기처럼 수십 개의 생수병이 놓인 테이블도 있었다. 그곳에서 생수 한 병을 집어 들고 한 모금 마셨다. 뒤를 돌아 다른 회원분들을 기다렸다. 곧이어 처음에 함께 뛰던 분께서 들어오셨다.

"잘 뛰시네요. 마지막에 너무 빠르셔서 못 따라갔어요!"

기록이 궁금해졌다.

"혹시 기록 몇 분 나오셨어요?"

그분께서는 휴대폰을 확인하시고 알려 주셨다.

"저는 25분 나왔네요. 비오 님은 그럼 24분쯤 되실 것 같아요."

내 인생 첫 마라톤 기록은 그렇게 어림잡아 정해졌다.

크로스핏 회원분들이 모두 도착하고 함께 사진을 찍었다. 다시 인천대학교 운동장으로 들어가니 간식 봉지와 완주 메달을 주셨다. 간식 봉지에는 꿀 호떡, 사과파이, 포카리스웨트가 들어 있었다. 부스로 돌아가 사과파이 하나를 먹으며 메달을 꺼내 보았다. '완주를 축하합니다'라는 문구를 보니 뿌듯했다. 인생 첫 마라톤은 그렇게 끝났다. 달리기의 즐거움을 만끽하는 하루였다. 그날 집에 돌아와서 휴대폰 메모에 이렇게 기록했다.

'비록 오늘은 5km 코스를 뛰었지만, 다음에는 10km, 그다음에는 하프 마라톤까지 도전해 보고 싶다.'

2년 뒤, 그 메모는 현실이 된다.

# 잊고 있던 10km 마라톤

### (2023년 3월 19일 동아 마라톤)

2022년 10월. 내가 한 달 동안 달린 거리는 딱 15km였다. 5km씩 세 번 달린 게 다였다. 2022년 10월 29일. 난생 첫 5km 마라톤을 마쳤다. 그날 이후 달리기가 재밌어졌다. 시간 날 때마다 공원에 나가 달렸다. 2022년 11월 마지막 날 달리기 어플을 확인해 보았다. 나는 한 달 동안 95km를 달렸다. 한 달 전보다 달린 거리가 6배 이상 늘어났다. 5km만 더 뛰었다면 100km를 달성했을 텐데… 아쉬웠다.

이제 막 달리기에 재미를 붙였을 때, 난관이 찾아왔다. 그 어떤 군대보다 무서운 동장군(冬將軍)이었다. 11월 말이 되자 조금씩 쌀쌀해졌다. 달리기는커녕 밖에 나가고 싶지도 않았다. 얼어 죽겠는데 달리기는 무슨. 방구석에 따뜻하게 누워 유튜브를 보는 게 가장 행복했다. 바로 그때! 유튜브에서 마치 나를 저격하는 듯한 제목의 영상을 보았다.

〈마라닉TV〉라는 유튜브 채널이었다. 채널의 주인 '해피러너 올레' 님께서는 달리기의 즐거움을 수많은 이들에게 전하신 분이다. 『마라닉 페이스』라는 책을 쓰시며 지금도 많은 사람을 달리고 싶게 만들고 계시다. '올레' 님께서는 추운 겨울 달리기가 얼마나 힘든지를 공감해 주셨다. 그럼에도 달리기를 하고 난 뒤 성취감을 강조하시며, 함께 뛰길 권유하셨다. 그는 권유로만 끝내지 않았다. 행동을 유도했다. 추운 겨울, 100일 동안 함께 달리며 서로를 응원하는 프로그램을 만들었다. 그리고 100일 뒤. 그동안 열심히 달렸던 모두가 동아 마라톤을 완주하는 기쁨을 누린다. 이 얼마나 멋진 일인가! 이게 바로 올레 님께서 만든 '동마 프렌즈'라는 프로그램이다. 동아 마라톤과 마라닉프렌즈를 합친 말이다.

영상을 보고 의지가 붐타올랐다. '추운 겨울이라고 이렇게 누워 있을 수만은 없어. 계속 이렇게 지내다간 바닥에 붙어 버리고 말 거야. 얼어붙지 않으려면 움직여야 해. 그래. 달리자!'. 바로 마라닉프렌즈를 신청했다. 곧이어 동아 마라톤 10km도 신청했다. 추위를 이기지 못하고 중단했던 달리기를 다시 시작하기로 결심했다. 마음 같아선 당장 나가 10km를 달리고 싶은 기분이었다. 동마 프렌즈는 온라인 인증 프로그램이다. 내가 달린 거리를 sns에 일주일에 세 번 이상 올리면 된다. 이를 위해 인스타그램 달리기 계정도 새로 만들었다. 모든 준비는 끝났다. 이제 달리기만 하면 된다. 나는 100일 뒤 동아 마라톤 10km를 완주할 거다!

12월 1일 비장한 마음으로 5km를 달렸다. 달리다 보니 추위는 금세 사그라들었지만, 손이 너무 시렸다. 손가락이 잘려 나가는 기분이었다. 장갑이 필요했다. 다음 날 바로 장갑을 사고 다시 달렸다. 하지만 겨울의 추위는 만만치 않았다. 얼굴을 때리는 바람은 시리다 못해 아팠다. 장갑을 껴도 손가락 끝이 아려 왔다. 하루하루 지날수록 이렇게까지 달려야 하나 싶었다. 결국 달리기를 멈췄다. '이런 날 달리면 감기 걸려'라는 비겁한 합리화와 함께….

추운 겨울을 피해 필리핀 세부로 갔다. 신나게 물놀이를 하며 놀다가 달리기 생각이 났다. 러닝화를 신고 리조트 한 바퀴를 달렸다. 3km를 달리고 나니, 더 이상 달릴 수가 없었다. 세부는 너무 더웠다. 한국에선 추워서 필리핀에선 더워서 달리지 않았다. 그렇게 달리기와 점점 멀어졌다. 야심 차게 만들었던 인스타그램 달리기 계정엔 더 이상 새로운 게시물이 올라가지 않았다.

추운 겨울이 지나고 봄이 왔다. 퇴근하고 집에 오자 문 앞에 택배 상자가 있었다. 주문한 게 없는데 잘못 왔나 싶었지만, 택배엔 분명 내이름이 적혀 있었다. 열어 보니 까만 티셔츠와 배번표가 들어 있었다. 갑자기 머릿속에 선명한 기억이 떠올랐다. '아! 나 마라톤 신청했지!'. 큰일이었다. 겨우내 달리지 않았다. 100일 동안 함께 달리겠다는 동마 프렌즈와의 약속은 이미 잊었다. 동아 마라톤은 2주도 남지 않았다. 급하게 러닝 벼락치기를 했다. 너무 오랜만이라서 5km도 달리기힘들었다. 결국 10km는 달려 보지도 못한 채, 동아 마라톤 날이 다가왔다.

동아 마라톤은 우리나라 최고 마라톤 중 하나다. 서울 도심 한복판을 달릴 수 있는 흔치 않은 마라톤이다. 동아일보에서 주관하는 동아마라톤, JTBC에서 주관하는 JTBC 마라톤, 조선일보기 주관하는 춘천 마라톤을 우리나라 3대 마라톤이라고 부른다. 동아 마라톤은 그중에서도 역사가 깊고 코스가 좋기로 유명하다. 게다가 그동안 코로나 19로 열리지 못했고, 무려 4년 만에 열리는 마라톤이라고 한다. 그땐 동아 마라톤의 위상을 알지 못했다. 그저 수많은 마라톤 중 하나라고 생각했다. 사실 전날까지도 갈까 말까 고민을 많이 했다. 내가 지금

10km를 뛸 수 있나 의심스러웠다. 그래도 한번 가 보기로 했다. 이미 냈던 참가비가 아까워서였다. 뛰다가 힘들면 걸어서라도 들어오자는 생각으로 집을 나섰다.

동아 마라톤 10km 출발지는 올림픽 공원이었다. 올림픽 공원은 아침 일찍부터 사람이 많았다. 달리려고 모인 수많은 사람을 보니 나도 설레었다. 오늘 이곳에 오길 참 잘했다는 생각이 들었다. 지난번 나갔던 송도 마라톤보다 규모도 훨씬 컸고, 사람도 훨씬 많았다. 짐을 맡기고, 몸을 간단히 푼 뒤 출발선에 섰다. 모두가 축제 분위기였다. 출발을 기다리는 이들의 표정이 하나같이 밝았다. 출발 시간이 되자 다 함께 카운트다운 했다. 3! 2! 1! 드디어 내 첫 10km 마라톤이 시작되었다.

잘 달릴 수 있을까 걱정을 많이 했다. 평소보다 느리게 달리기로 마음먹었다. 한 시간 이내로 들어온다면 정말 좋을 것 같았다. 분명 천천히 달리고 있다고 생각했는데, 휴대폰 어플에서 페이스를 보니 생각보다 빨랐다. 즐거운 마라톤장의 분위기를 즐기다 보니, 나도 모르게 속도가 빨라졌다. 촌놈인지라 내가 지금 달리는 곳이 어딘진 전혀 알 수 없었다. 그래도 나는 지금 서울 한복판을 달리고 있다. 이런 경험을 언제 또 해 보겠는가? 매 순간 기분이 너무 좋았다.

달리던 중 수많은 장면을 보았다. 달리지도 않는데 주로에 나와서 응원을 해 주시는 분들은 정말 고마웠다. 그분들 덕분에 신나게 달릴 수 있었다. 손목에 끈을 묶고 봉사자와 함께 뛰는 시각 장애인 러너분은 나보다 훨씬 빨랐다. 인간은 생각 이상으로 강한 존재라는 걸 몸소 보여 주셨다. 언젠간 나도 손목에 저 끈을 묶고, 시각 장애인분들과 함께 달릴 수 있는 날이 있으면 좋겠다고 생각했다. 그 꿈을 이루기 위해선 내가 좀 더 빨라져야겠지. 좀 더 열심히 달려야겠지. 다른 주로에서 달리던 엘리트 선수들은 순식간에 사라졌다. 까만 피부에 쭉 뻗은 긴 다리를 가진 그들은 정말 자동차 같았다. 어린이 보호 구역에선 그들이 달리는 걸 금지해야 한다. 사람이 저렇게 빠를 수 있다는 게 놀라웠다.

이런저런 풍경을 보며 달리니 힘들지 않았다. 10km를 언제 다 뛰나 걱정했는데, 오히려 거리가 줄어드는 게 안타까웠다. 10km가 너무 짧다는 생각도 들었다. 남은 거리를 최대한 즐기며 달려야겠다고 생각했다. 저 멀리 결승점이 보이자, 수많은 사람이 응원해 주었다. 배번에 적힌 내 이름을 보고 외쳐 주시는 분들도 계셨다. 신나게 양팔을 들고 결승점에 들어왔다. 메달과 간식을 받았고, 기록을 확인했다. 50분 12초. 60분 안에 들어오는 게 목표였는데, 목표보다 10분이나 빨리 들어왔다. 이렇게 내 인생 첫 10km 마라톤은 대성공으로 끝났다.

이제 난 10km를 달릴 수 있는 사람이 되었다.

## 운수 좋은 날

### (2023년 11월 5일 JTBC 마라톤)

괴상하게도 오늘은 운수가 좋더니만....

- 「운수 좋은 날」, 현진건

2023년 11월 5일. 고등학교 때부터 친하게 지내던 친구와 JTBC 마라톤 10km 대회에 함께 나가기로 한 날이었다. 갑작스러운 마라톤의 인기로 JTBC 마라톤은 신청조차 어려웠다. 나와 친구도 첫 신청은 실패했다. 마라톤 나가기가 한국시리즈 티켓팅만큼 어려웠다. 다행히도 추가 신청이 있었고, 나와 친구 모두 성공했다. 마라톤 대회 전날. 마라톤이 처음인 친구에게 마라톤을 한 번 나가 본 내가 감히 조언했다.

"야! 내일 너 늦으면 안 돼. 8시 30분 출발이라고 해서 그때까지 오면 안 되고, 6시 40분까지 와. 아무리 늦어도 7시까지는 와야 해!"

친구는 물었다.

"뭐 하러 그렇게 빨리 가. 그럼 너무 일찍 일어나야 해."

"그래야 짐도 맡기고, 몸도 풀고, 화장실도 갈 수 있어. 너는 그래도 서울 살아서 가깝잖아. 인천에서 가려면 새벽 네 시에 일어나야 해."

친구는 순순히 수긍했다.

다음 날 아침. 나는 송도러닝크루와 함께 버스를 타고 JTBC 마라톤이 열리는 상암 월드컵 경기장을 갔다. 집에서 나올 때부터 조금 흐리더니, 버스를 타고 가는 길에 비가 퍼붓기 시작했다. 버스에서 내리자마자 비를 엄청나게 맞았다. 뛰기도 전에 신발이 다 젖었다. 그냥 집에 가고 싶은 심정이었다. 상암 월드컵 경기장 평화광장에 가자 마라톤을 하러 나온 수많은 사람이 보였다. 대회장 분위기가 느껴지자 졸음은 사라졌다. 젖은 양말이 조금 찝찝했지만, 어서 달리고 싶다는 생각이 들었다.

그때 친구에게 메시지가 왔다.

"나 늦을 것 같은데."

"몇 시에 도착하는데?"

"6시 50분에서 7시 사이."

그리 늦은 시간은 아니어서 안심했다. 7시가 되자 친구에게 전화가 왔다.

"야! 너 어딨냐?"

"너 내렸냐? 일단 우리랑 똑같이 주황색 옷 입은 사람들 그냥 따라 와. 그거 다 마라톤 나가는 사람들이야."

그런데 친구가 이상하다는 듯이 말했다.

"근데 왜 여기 사람이 이렇게 없냐?"

"뭔 소리야. 아까 지하철역에 마라톤 옷 입은 사람들 꽉 찼더구먼."

"어. 이상하다…. 여기가 아닌가?"

그제야 뭔가 잘못됐음을 직감하며 물었다.

"야! 너 지금 무슨 역이야."

친구는 대답했다.

"올림픽공원역."

"야. 왜 올림픽 공원을 갔어. 월드컵 경기장을 와야지!"

"어제 평화의 광장 검색하니까 올림픽 공원이라고 나오던데?"

친구의 황당한 소리에 내 이름은 맹비오에서 맹비난으로 바뀌었다.

"야! 올림픽 공원 평화의 광장이 아니라 월드컵 경기장 앞에 있는 평화광장이잖아! 너는 무슨 어디서 히는지도 모르고 출발을 하냐!"

비난을 퍼붓고 나서야 현실을 직시했다.

"야! 근데 우리 그럼 어떻게 하지?"

친구는 올림픽 공원에서 월드컵 경기장까지 얼마나 걸리나 확인했다.

"나 8시쯤이면 도착할 수 있어!"

"그럼 얼른 와! 출발 전에 올 수 있겠다."

친구와 통화를 마치고 크루원분들과 짐을 맡기러 갔다. 짐을 맡기러 온 사람들이 엄청 많았다. 짐은 큰 트럭에 보관하는 듯했다. 트럭이 여러 대 있었지만, 모든 트럭 앞에 긴 줄이 늘어서 있었다. 끝을 찾기가 어려울 정도였다. 나는 크루원분들과 함께 17호 차에 가서 줄을 섰다. 한참을 기다린 후에야 내 차례가 왔다. 그런데 그때 짐 보관을 도와주시던 자원봉사자께서 말씀하셨다.

"17호 차는 짐 보관 마감되었습니다. 18호 차로 가 주세요!"

이럴 수가! 내가 얼마나 오래 기다렸는데! 왜 하필 나에게 이런 일이…. 오랜 기다림 끝에 내 차례가 왔는데, 나는 다시 꼴찌가 되었다. 너무나 속상했다. 다시 한참을 기다린 후에 겨우겨우 짐을 맡길 수 있었다. 짐을 맡기고 나니 출발 시간이 얼마 남지 않았다. 화장실도 가고 준비 운동도 해야 하는데…. 마음이 급해졌다.

고난은 끝나지 않았다. 화장실도 엄청난 수의 사람들이 줄을 서서 기다리고 있었다. 그렇다고 화장실을 안 가고 참기엔 내 방광은 너무나 작았다. 지금 가지 않으면 분명 일이 터질 게 분명했다. 화장실은 보이지도 않고, 줄 서 있는 사람들만 보였다. 나는 그나마 사람이 적은 줄에 가서 섰다. 알고 보니 내가 서 있는 줄은 대변을 보려고 기다리는 사람들이 서 있는 줄이었다. 줄은 짧지만, 시간은 오래 걸렸다. 나는 그 사실을 한참 뒤에서야 알았다. 그때라도 다른 화장실로 갈까 고민하다가, 지금까지 기다린 게 아까워서 그냥 기다렸다. 화장실을 다녀오니, 함께 왔던 크루원분들은 아무도 보이지 않았다.

홀로 남겨진 나는 짐 보관하는 장소에서 친구를 기다렸다. 그런데 갑자기 짐 보관하던 트럭 문이 닫히더니, 하나둘 떠나기 시작했다. '어! 아직 내 친구 안 왔는데?'. 나는 아직 출발하지 않은 트럭으로 달려갔다. 트럭 문을 닫으려는 아저씨께 여쭤보았다.

"혹시 지금 모든 트럭 다 출발하는 건가요?"

아저씨께서는 말씀하셨다.

"네! 마라톤 출발하기 전에 우리가 먼저 가서 기다려야죠."

JTBC 마라톤 10km 코스는 출발지와 도착지가 다르다. 상암 월드컵 경기장에서 출발해서 여의도 공원에서 끝이 난다. 짐도 이곳에서 맡기지만, 찾을 땐 여의도 공원에서 찾아야 한다. 그제야 짐을 트럭에 보관하는 이유를 깨달았다. 짐도 우리처럼 달려가야 했다. 나는 트럭 아저씨께 간곡히 부탁했다.

"제 친구가 지금 오고 있는데, 조금만 기다려 주시면 안 될까요?"

아저씨께서는 물으셨다.

"언제쯤 오는데요? 오래는 못 기다려요. 마라톤 시작하기 전에 우리도 출발해야 하니까."

"한 5분이면 도착할 것 같아요."

그리고 친구에게 바로 전화했다.

"야! 너 5분 내로 안 오면 짐 다 들고 뛰어야 한다."

"응! 지금 내렸어. 최대한 빨리 뛰어갈게."

나는 안도했다. 그런데 5분이 지나도 친구는 소식이 없다. 이때쯤이면 올 시간이 됐는데…. 친구에게 다시 전화했다.

"야! 왜 안 와!"

"나 여기가 어딘지 모르겠어!"

아뿔싸. 나는 결국 아저씨께 말씀드렸다.

"그냥 먼저 가셔야 할 것 같습니다. 친구가 조금 늦는다네요. 죄송합니다."

그렇게 트럭은 떠나갔다. 출발 시간이 다 돼서야 친구를 만날 수 있었다. 혹시나 짐을 맡길 곳이 없을까 이리저리 둘러봤지만, 방법이 없었다. 그냥 짐을 들고 뛸 생각을 한 순간, 어떤 아주머니께서 말을 거셨다.

"제가 짐 여의도로 옮겨다 드릴까요?"

순간 우리는 당황했다. 짐을 맡겨도 될까? 이게 무슨 상황이지? 사기당하는 건 아닌가? 우리의 방황하는 눈빛을 알아차리셨는지, 아주머니께서 말씀하셨다.

"제 남편이 마라톤 나갔거든요. 방금 내려 주고 저는 도착지 가서 기다리려고요. 짐 있으시면 저한테 주세요. 도착지 쪽에 맡겨 둘게요."

아주머니의 스토리가 꽤 설득력 있었고, 짐 가방 속에 별다른 귀중품도 없었으며, 딱히 다른 방법도 없었기에 우리는 결국 아주머니께 짐을 맡겼다.

마라톤을 하기도 전에 진이 다 빠졌다. 그래도 출발선에 서니 다시 기분이 좋아졌다. 친구와 함께 셀카를 찍고 출발 준비를 했다. 아침부터 황당한 일이 한두 가지가 아니었지만, 모두 해결했다. 무섭게 내리던 비도 그쳤다. 폭풍이 지나가고 평화가 찾아왔다. 이젠 아무 걱정 없이 달리기만 하면 된다. 목표는 50분 이내로 완주하는 것이다. 동아마라톤에서 달렸던 '나'보다 12초만 빨리 달리면 된다. 그래, 오늘도 한번 시원하게 달려 보자!

시원하게 달릴 수가 없었다. 사람이 너무 많았다. 그 넓은 서울 길이 꽉 막혔다. 사람을 피하며 달리는 정도가 아니었다. 사람들을 뚫어 내면서 달려야 했다. 초반만 지나면 조금 나아질 줄 알았다. 아니었다. 처음부터 끝까지 마음 편히 달린 구간이 없었다. 서울의 교통 체증이 악명 높은 줄은 알고 있었지만, 러너 체증도 이렇게 심할 줄은 몰랐다. 50분 이내로 들어오겠다는 목표가 조금씩 흔들렸다. 날씨도 좋고, 컨디션도 좋은데, 길이 막혀서 목표를 저버릴 순 없었다. 사람들 사이의 작은 틈만 보이면 그사이를 파고 들어갔다. 결승점에 들어와 기록을 확인했다. 48분 34초. 다행히 목표를 달성했다.

휴우….

결승점에 도착하자 갑자기 비가 쏟아져 내렸다. 친구를 기다려야 하는데, 여의도 공원이 너무 넓었다. 어디서 기다려야 만날 수 있을지 감이 잡히지 않았다. 친구는 휴대폰도 짐 가방에 넣어 두어서 연락할 방법도 없었다. '서울 가서 김 서방 찾기'라는 표현이 딱 맞았다. 게다가 짐 보관하는 곳은 여의도 공원과 조금 거리가 있었다. 나는 친구에게 텔레파시를 보냈다.

'짐 보관하는 곳으로 오거라!'

그리고 짐을 찾으러 갔다. 줄을 서는데 비가 그치질 않았다. 몸과 마음이 모두 난장판이었다. 황당하게도 내가 짐을 맡긴 18호 차만 줄이 엄청 길었다. 다른 차는 줄이 금방금방 줄어들었는데, 내가 있는 줄만 줄지를 않았다. 짐을 기다리는 시간이 너무 길어지자 친구가 걱정되었다. 이 정도 안 오는 거면 내 텔레파시는 틀렸다. 짐 찾기를 미루고, 친구를 찾으러 여의도 공원을 갔다. 여의도 공원을 두 바퀴나 돌았지만, 친구를 찾을 순 없었다. 내가 자꾸 움직여서 친구를 만나지 못하는 건 아닌가 싶었다. 여의도 공원 비행기 조형물 앞에서 10분 정도 머물렀다. 역시나 친구에게 텔레파시를 보내며.

'제발 비행기 앞으로 오거라!'

텔레파시는 또 한 번 빗나갔다. 여전히 친구를 찾지 못했다. 그때 다른 친구에게 전화가 왔다.

"야! A 어머니께서 전화하셨는데, A가 너 찾고 있대. 의무실 부스에 있으니까 찾으러 오래."

나는 바로 의무실로 달려갔다. 마침내 친구를 찾을 수 있었다. 친구와 함께 짐을 찾으러 갔는데, 여전히 줄이 길었다. 30분은 더 기다려서야 짐을 찾을 수 있었다.

10km를 달린 순간보다, 달리지 않는 순간이 너 힘든 마라톤이었다.

정말 괴상하게도 운수 좋은 날이었다.

# 축하해요, 처음으로 10km 넘기셨네요
## (2023년 12월 10일 첫 LSD 훈련)

그동안 나에게 가장 장거리의 기준은 10km였다. 그동안 나에게 빠른 달리기는 1km를 5분 이내의 속도로 달리는 것이었다. 자연스레 내 달리기의 목표는 1km당 5분 페이스로 10km를 달리는 것. 즉 10km를 50분 이내에 달리는 것이었다. 그 목표를 얼마 전 JTBC 마라톤에서 이뤘다. 기쁨은 잠시였다. 얼마 가지 않아 허무한 기분이 들었다. 이제 나는 무엇을 위해 달려야 하나? 45분을 목표로 해야 하나? 굳이 그래야 하나? 이제 됐다. 마라톤은 이만하면 됐다.

마침 추운 겨울이 찾아왔다. 달리지 않을 이유가 한 가지 더 생겼다. 아무리 생각해도 달리기는 추운 겨울에 할 만한 운동이 아니었다. 매서운 바람을 얼굴에 얻어맞으며 달리는 기분은 전혀 상쾌하지 않았다. 학교도 겨울 방학을 하는 것처럼, 달리기도 겨울엔 쉬어야겠다고 생각했다. 아파트 헬스장을 등록하고, 일주일 정도 가다가 말았다. 겨울엔 운동을 쉬고 겨울잠이나 잘 생각이었다.

최대한 몸을 움직이지 않고 에너지를 아끼던 그때, 송도러닝크루 단톡방에 전 크루장 D 님께서 투표 공지를 올리셨다.

"훈련의 계절이 다가왔습니다. 봄 대회를 위한 훈련을 시작하려고 합니다. 이번 주 일요일 장거리 LSD 시간주(90~150분) 하실 분 투표해 주세요!"

LSD가 무슨 말인가 싶었지만, 대충 오래 뛴다는 의미 같았다. 찾아보니 LSD는 Long Slow Distance의 약자였다. 천천히 긴 거리를 달리는 훈련을 뜻한다. 머릿속으로 빠르게 계산했다. '90분은 1시간 30분. 150분은 2시간 30분. 엥? 2시간 30분? 2시간 30분 동안 달린다고?'. 정말 대단한 분들이라는 생각이 들면서 조금 궁금해졌다. '나는 몇 분을 달릴 수 있는 사람일까?'

객기를 부렸다. 투표에 들어가 참가 버튼을 눌렀다. 잠시 흥미가 떨어졌던 달리기에 기대감이 생겼다. '훈련'이라는 단어가 기분 좋게 다가왔다. 내가 마치 운동선수가 된 느낌이었다.

그날이 왔다. 설렘은 두려움으로 바뀌었다. 생각해 보니 90분은 짧은 시간이 아니었다. 10km를 천천히 달리면 약 한 시간 정도가 걸린다. 90분을 달리면 적어도 15km를 달리는 것이다. '내가 미쳤지. 왜 그랬을까.' 후회가 몰려왔다. 무거운 발걸음을 이끌고, 약속 장소인 센트럴 파크로 갔다. 다른 크루원들께서 미리 나와 준비하고 계셨다. 함께 마실 음료수를 준비하신 분, 에너지를 보충할 바나나를 준비하신 분, 음료수와 바나나, 종이컵을 올려 둘 테이블을 준비하신 분. 다들 무엇인가를 준비해 오셨다. 오직 나만 빈손으로 덜렁 몸만 왔다. 민망하기도 하고, 미안하기도 해서 다음엔 나도 음료수라도 챙겨 와야겠다고 다짐했다. 그런데, 다음이 있으려나? 내가 오늘 뛰고 다시 뛸 마음이 생기려나….

긴장된 상태로 달리기를 시작했다. 대부분 얼마 전 JTBC 마라톤에서 풀코스를 뛰신 분들이셨다. 그분들과 발맞추며 달리고 있는 것만으로도 영광이었다. 다시 한번 궁금해졌다.

'나는 몇 km를 뛸 수 있는 사람일까?'

여럿이 함께 발맞춰서 달리니, 혼자 뛸 때보다 힘이 났다. 달리다가 너무 힘들면 약속이 있는 척 빠져나오려고 했는데, 끝까지 함께 달리고 싶다는 마음이 커졌다. 그때 옆에서 달리던 크루원께서 물으셨다.

"몇 km까지 뛰어 보셨어요?"

"아직까진 10km까지 안 달려 봤네요."

"오늘 그 기록 깨시겠네요."

나는 멋쩍게 웃었다. 대화는 끊겼고, 한동안 정적이 흘렀다.

송도 센트럴 파크를 크게 한 바퀴 돌고, 바로 옆에 있는 워터프론트 호수 공원까지 한 바퀴를 돌고 나니 9km 정도가 되었다. 다시 송도 센트럴 파크로 돌아와 조금 더 달리니 스마트 워치에서 10km를 알리는 음성이 나왔다. 그때 옆에서 달리던 크루원분께서 침묵을 깼다.

"처음으로 10km 넘기셨네요. 축하해요!"

지친 탓에 긴 대답을 할 수 없었다.

"감사합니다!"

짧은 대답 후에 머릿속엔 '축하해요!'라는 말이 계속 맴돌았다. 그 한마디를 가슴에 품고 계속 달렸다. 어떤 음악보다 힘을 주는 말이었다.

그날 나는 무려 2시간 33분을 달렸다. 총 25km를 달렸다. 태어나서 가장 많이 달렸다. 하프 마라톤보다 긴 거리였다. 포기하고 싶을 때가 많았지만, '축하해요'라는 말을 되뇌며 이를 악물고 달렸다. 달리기를 마치고 나니, 종아리가 딴딴해졌다. 조금만 방심하면 쥐가 날 것 같았다. 허벅지도 근육통이 느껴졌다. 집까지 어떻게 갈지도 막막했다. 내일은 월요일인데, 출근은 할 수 있을까 걱정되었다. 지하철 계단을 엉거주춤하게 내려갔다. 그런데 자꾸 웃음이 나왔다. 한동안 재미를 못 느꼈던 달리기가 다시 재미있어졌다.

따뜻한 말 한마디는 추운 겨울도 녹인다. 어쩌면 다른 사람의 인생을 바꿀지도 모른다. 매일 아이들을 마주하는 나는 이 사실이 가장 두렵다. 내가 무심코 던진 말 한마디가 아이들에게 잘못된 영향을 끼치지 않을까 조심한다. 좋은 선생은 되지 못하더라도, 적어도 나쁜 선생은 되고 싶지 않으려 애쓰는데 쉽지 않다. '축하해요!'라는 말 한마디에 나는 추운 겨울과 맞서서 달렸다. 선선한 바람이 불던 가을보다 더 많은 거리를 달렸다. 달리기는 겨울 내내 이어졌다. 10km도 긴 거리라 느꼈던 내가 겨울이 지나자 10km는 가볍게 달릴 수 있게 되었다. 막연한 꿈이었던 하프 마라톤은 충분히 해 볼 만한 도전이 되었다. 무모한 도전으로 보였던 풀코스 마라톤도 아직 멀었지만, 아주 멀지는 않았다는 느낌이 들었다. 이 모든 것은 '축하해요'라는 말 한마디에서 시작했다.

　김영하 작가의 『여행의 이유』라는 책에서 한 이야기가 나온다. 한 여자가 북유럽을 여행하던 중에 버스를 탔다. 그런데 아무리 찾아도 지갑이 없었다. 당황하는 그녀를 보고 현지인 할머니께서 버스 요금을 내 주셨다. 그녀는 할머니께 감사 인사를 하며 나중에 꼭 갚겠다고 했다. 할머니는 고개를 저으며 말했다.

　"나에게 갚을 필요 없네. 나중에 누군가 도움이 필요한 사람을 발견하면 그 사람에게 갚게나."

　내가 받은 환대를 다른 누군가에게 전하고, 환대가 돌고 돌아 다시 나에게로 돌아오는 세상. 김영하 작가는 그런 세상을 꿈꾼다.

나는 내가 받은 환대를 어떻게 세상에 돌려줄 것인가. 앞으로 남은 내 숙제다.

"처음으로 달리기를 시작한 모든 분들, 어제보다 조금이라도 더 많은 거리를 달린 모든 분들, 저번 달보다 이번 달에 더 많은 거리를 달린 모든 분들, 10km를 처음 완주한 모든 분들, 하프 마라톤을 처음 완주한 모든 분들, 첫 풀코스를 완주한 모든 분들, 진심으로 축하드립니다."

## 주식도 달리기도 결국엔 우상향

경제학 이론 중에 '한계비용 체증의 법칙'이 있다. '한계비용 체증의 법칙'은 생산량을 증가시키기 위해 추가로 필요한 비용이 점점 증가하는 현상을 말한다. 예를 들어 보자. 김밥 가게에서 직원 1명이 하루에 김밥 100줄을 만들 수 있다. 김밥 장사가 점점 잘되자 사장님은 생각한다. '김밥 만들 직원만 더 있으면 하루 500줄은 팔 수 있을 것 같은데?' 여기서 문제! 김밥 장사 사장님은 직원을 몇 명 더 뽑아야 할까?

우리 반 학생들에게 묻는다면 4명이라고 대답할 것이다. 나도 웃으며 정답이라며 엄지를 들어 줄 것이다. 초등학교 수학에선 4명이 정답이다. 1명이 100줄을 만들 수 있으니, 500줄을 만들려면 5명이 있어야 한다. 하지만 경제학 문제라면 이는 오답이다. 1명 있던 직원이 2명이 되면 당연히 생산량은 늘어난다. 충분히 200개를 만들 수 있다. 하지만 직원이 3명, 4명이 된다면 김밥을 300개, 400개 만들 수 있을까? 아니다. 충분한 공간과 넉넉한 조리 도구가 갖추어지지 않은 상태에서 직원만 늘어난다면 비효율성이 생긴다. 세 명이 김밥을 쌀 자리가 없어서, 한 명은 이리저리 돌아다니며 김밥을 쌓아야 한다. 조리 도구도 없어서 다른 사람이 김밥을 다 말 때까지 기다려야 한다. 직원이 늘어날수록 전체 생산량은 늘어날지 모르지만, 직원 한 명이 만들 수 있는 김밥은 100개에서 90개, 80개, 어쩌면 더 줄어들지도 모른다. 김밥을 더 많이 만들기 위해 추가로 필요한 비용은 점점 증가한다.

달리기도 마찬가지다. 처음에는 실력이 쑥쑥 늘어난다. 적은 노력에 비해 많은 결과를 얻을 수 있다. 10km를 1시간 10분에 달리던 사람이 10km를 한 시간 안에 달리는 건 생각보다 오래 걸리지 않는다. 하지만 같은 10분을 줄이는 일이라도 10km를 60분에 달리던 사람이 10km를 50분에 달리기 위헤서는 훨씬 너 큰 노력이 필요하다. 10km를 50분에 달리는 데 성공하면 난도가 더 올라간다. 10km를 50분에 달리는 사람이 10km를 45분 만에 달리는 건 훨씬 더 어렵고, 10km를 40분에 달리기 위해서는 생각보다 많은 시간과 노력을 달리기에 쏟아부어야 한다. 어쩌면 평생 이루지 못할지도 모른다.

나도 그랬다. 처음 10km 마라톤을 나갔을 때, 한 시간 안에 완주하는 게 목표였다. 운 좋게도 성공했다. 두 번째 10km 마라톤을 나갔을 땐 50분 이내에 완주가 목표였다. 역시나 성공했다. 나는 조금씩 빨라지고 있었다. 그때까지만 해도 영원히 빨라질 것 같았다. 아니었다. 더 이상 속도는 빨라지지 않았다. 꾸준히 우상향하리라 생각하던 속도는 어느 순간 멈췄다.

내가 언제부터 기록에 이렇게 신경을 쓰게 되었을까? 달리던 순간을 천천히 돌아보았다. 처음엔 억지로 달렸다. 건강을 위해서, 다이어트를 위해서 달렸다. 달리기를 선택한 이유도 간단하다. 다른 운동에 비해 그나마 견딜 만했다. 무거운 바벨을 드는 것보다, 밖을 달리는 게 차라리 나았다. 계속 달리다 보니, 달리기가 재밌어졌다. 달리기를 즐기게 되었다. 노래를 들으며 공원을 달리는 기분이 좋았다. 속도는 신경 쓰지 않았다. 편하게 숨을 쉴 수 있는 속도로 달렸다. 꾸준히 달리다 보니 속도가 조금씩 빨라졌다. 정확히 말하자면 더 빠른 속도로 달려도 편하게 호흡할 수 있었다. 그때부터 달릴 때 스마트 워치를 들여다보는 습관이 생겼다. 기록이 욕심나기 시작했다.

처음 달리기를 할 때 생각했던 꿈의 목표. '10km 마라톤 50분 이내로 달리기'를 생각보다 일찍 달성했다. 그러나 그 속도에서 더 빨라지지 않았다. 다시 달리기를 즐길 방법이 무엇일까 고민했다. 얼마 전 크루원분들과 25km를 달렸던 기억이 떠올랐다. 속도 이외에 내가 늘릴 수 있는 게 있었다. 바로 거리였다. 그래! 속도 욕심은 줄이자. 이만하면 됐다. 대신 좀 더 자주, 좀 더 오래, 좀 더 멀리 달려 보자. 속도가 아닌 거리를 우상향시켜 보자!

2023년 12월. 처음으로 한 달에 100km를 달렸다. 어디선가 주워들은 말이 있다. 한 달에 100km를 뛰면 하프 마라톤을 뛸 수 있는 준비를 마친 것이라고. 명확한 근거가 있는지는 모르겠지만, 그냥 믿기로 했다. 12월 마지막 날. 2023년 달린 기록이 나온 어플을 보았다. 아름다운 우상향 그래프를 그리고 있었다. 우상향 그래프는 지금도 진행 중이다. 물론 계속해서 달린 거리가 늘지는 않았다. 그래프는 계속 오르다 내리기를 반복하고 있다. 하지만 걱정하지 않는다. 주식에서도 매일의 주가 흐름보단 장기적인 추세가 중요하듯, 내 달리기도 마찬가지이리라 믿는다.

주가는 매일 출렁임을 반복하지만, 길게 보면 우상향했다. 우리나라의 코스피 지수도, 미국의 S&P 500지수도, 심지어 일본의 닛케이 지수도(최고점을 회복하는 데 30년이 걸리긴 했지만), 수많은 폭락을 이겨 내고 우상향했다. 나도 희망과 좌절을 반복하며 살아가겠지만,

결국엔 꾸준히 상승하는 우량주 같은 사람이 되고 싶다.

덧붙여 내가 가진 주식들도 어서 빨리 좌절의 시기를 이겨 내고 날아오르면 좋겠다.

제발….

# 어쩌다, 풀코스

고등학생 시절 수학 선생님께서 해 주신 말씀이 기억난다.

"여러분! 절대로 100점 맞으려고 공부하지 마세요. 그런 마음으로 공부하면 시험을 잘 볼 수 없습니다."

고등학생 정도 되면 그런 말이 뻔한 반전이 있다는 걸 안다. 그래도 어른 공경을 실천하기 위해 우리는 놀란 척 물었다.

"그럼, 어떻게 공부해요?"

"100점 맞으려고 하는 게 아니라, 하다 보니 100점이 나와야 합니다. 안타를 치다 보면 홈런이 나와요. 하지만 홈런을 치려고 하면 삼진을 당합니다."

지금 돌이켜 보니 선생님 말씀이 맞는 것 같다. 거창한 목표를 가지고 시작한 일은 대부분 실패했다. 예를 들면 영어를 외국인과 자유롭게 대화할 수 있을 정도로 공부해야지. 동양의 고전 논어, 맹자, 대학,

중용을 한문으로 읽어 봐야지. 늘 시작은 창대했지만, 끝은 초라했다. 오히려 가볍게 시작한 일이 거창한 목표에 도달한 경우가 많았다. 운동이나 할 목적으로 시작했던 격투기를 배웠다. 그저 하루하루 체육관에 가다 보니 어느새 케이지에 올라가 보는 경험을 했다. 남는 시간에 가끔 글을 썼다. 글이 하나둘 모이자 책이 되었다. 무엇인가를 하려고 한 게 아니라 하다 보니 그곳까지 다다랐다.

달리기도 마찬가지다. 처음 달릴 땐 마라톤은 생각도 없었다. 그저 하다 보니, 5km를 달릴 수 있게 되고, 10km를 달릴 수 있게 되었다. 마라톤 한번 나가 볼까 생각하게 되고, 10km 마라톤을 나가게 되었다. 더 긴 거리를 달릴 수 있나 궁금해졌다. 마침 풀코스를 준비하는 송도러닝크루분들이 계셨다. 풀코스를 달릴 것도 아닌데 함께 뛰었다. 그저 달리는 게 좋았다. 추운 겨울이 지나자 20km를 넘어 30km까지 달릴 수 있는 사람이 되었다. 마음속에 막연한 꿈을 품게 되었다. '내 언젠가 풀코스 마라톤을 완주하리라!'

당시 나에게 많은 조언을 해 주신 분이 계시다. 송도러닝크루의 전 크루장 D 님이다. D 님께서는 내 뜀박질을 달리기로 바꾸어 주셨다. 어떤 자세로 달려야 하는지, 그렇게 달리는 이유는 무엇인지, 언덕을 오를 땐 어떻게 달려야 하는지, 내리막길에선 어떻게 달려야 하는지,

트랙 훈련은 왜 하는지, 장거리 훈련은 왜 하는지, 모두 다 그분께 배웠다. 어느 날 함께 달리던 D 님께서 물으셨다.

"봄에 마라톤 대회 계획 있으세요?"

"저는 그냥 10km 대회 있으면 나가려고요."

"비오 씨, 혹시 풀코스 뛰어 보고 싶으시면 대구 마라톤 신청해 보세요. 동아 마라톤은 이미 마감됐는데, 대구 마라톤은 아직 참가 신청받더라고요. 저희 크루에서도 대구 마라톤 나가시는 분이 많아요."

"아. 아직 풀코스는 생각이 없어서요. 올해 가을쯤에나 한번 나가 보려고요."

무심코 던진 돌에 물결은 요동친다. D 님의 가벼운 한마디에 내 마음은 소용돌이쳤다. 집에 돌아와 곰곰이 생각해 보았다. '내가 풀코스를 달릴 수 있을까?' 하는 의문과 '어쩌면 달릴 수도 있지 않을까?' 하는 설렘. '일단 출발하면 결승점까진 기어서라도 오지 않을까?' 하는 무모함과 '그래도 첫 풀코스인데 제대로 준비하고 나가는 게 좋지 않을까?' 하는 신중함. '네가 제대로 해 보겠다면서 제대로 한 게 있기나 하나?'라는 자기 비하와 '너라면 충분히 해낼 수 있을 거야.'라는 자존감. 마음속은 수많은 감정이 혈투를 벌였다. 바로 그때 행동에 나선 건 손가락이었다. 노트북을 켜고 검색창에 '대구 마라톤'을 검색했다. 대구 마라톤 홈페이지에 들어가서 참가 신청을 했다. 인스타그램 계정에 대구 마라톤 풀코스 접수 소식을 알렸다. 많은 이들이 풀코스 도전을 응원해 줬다. 이젠 물러설 수가 없다. 이젠 정말 돌이킬 수가 없다. 두 달 뒤, 나는 풀코스 마라톤을 달려야 한다.

어쩌다, 풀코스를 뛰게 되었다.
해 보자! 풀코스!

# 해냈다, 풀코스

## (2024년 4월 7일 대구 마라톤)

대구 마라톤 15일 전. 나를 풀코스 마라톤의 세계에 끌어들였던 전 크루장 D 님께서 훈련 스케줄을 보내 주셨다.

"동아 마라톤 첫 풀코스 준비하시던 분들 마무리 훈련 일지로 드렸던 건데, 살짝 수정했어요. 비오 씨 첫 풀코스 무사 완주에 조금이나마 도움이 되길 바랍니다."

훈련 프로그램엔 정성이 가득 담겨 있었다. 무슨 훈련을 해야 하는지, 어떤 신발을 신어야 하는지, 음식은 어떻게 먹어야 하는지 등 마무리 준비에 필요한 모든 내용이 들어 있었다. 동네 공원이나 뛰던 리너에게 이런 프로그램은 익숙하지 않았다. 읽어도 무슨 말인지 모르는 낯선 단어들은 다시 한번 여쭤보았다. D 님께서는 친절하게 다시 알려 주셨다. 풀코스 벼락치기 15일 프로젝트가 시작되었다.

첫 훈련은 24km를 트랙에서 달리는 것이었다. 트랙 한 바퀴는

400m이다. 여기서 문제 24km를 달리려면 트랙 몇 바퀴를 달려야 할까? 학생 여러분, 24km는 몇 m일까요? 24,000m요! 그렇죠. 그럼 24000을 400으로 나누면? 60이요! 맞습니다. 60바퀴입니다. 60바퀴를 달리면서 생각했다. 난 도대체 무슨 잘못을 했길래 여기서 이렇게 뺑글뺑글 달리고 있을까. 10바퀴가 남았을 땐, 한 바퀴 돌 때마다 손가락을 하나씩 접으면서 달렸다. 마지막 바퀴는 두 주먹을 불끈 쥐고 달렸다. 훈련을 마치고 나니 자신감이 생겼다. 어서 빨리 달리고 픈 마음이 생겼다.

1주 전부터는 식단 관리도 했다. 카보로딩이라는 식이요법인데, 탄수화물을 몸에서 완전히 고갈시키고 난 뒤, 다시 채워 넣는 과정이다. 월, 화, 수 3일 동안은 탄수화물을 아예 먹지 않고, 목, 금, 토 3일 동안 다시 탄수화물 위주로 섭취한다. 우리 몸에서 탄수화물을 완전히 고갈시키면, 우리 몸은 탄수화물을 간절히 원한다. 그때 다시 탄수화물을 먹어 주면 몸 구석구석에 최대한 보관한다. 탄수화물은 가장 효율적인 에너지원이기에, 카보로딩 과정을 거치면 평소보다 더 많은 에너지를 쓸 수 있다. 당시는 왜 이런 과정을 거치는지 알지 못했다. 그저 마라톤을 할 때 좋다는 건 다 하고 싶은 심정이었다. 학교에서 3일 동안 급식도 먹지 않았다. 몇몇 아이들은 물었다.

"선생님, 급식 왜 안 드세요?"

혹여나 완주를 못 할까 걱정돼, 마라톤 이야기는 꺼내지 않았다. 3일 동안 구차한 핑계를 늘어놓았다.

"선생님 배 아파."

"선생님 학교 끝나고 더 맛있는 거 먹으려고."

"선생님 아직 배불러."

그렇게 좋아하는 술도 마시지 않았다. 심지어 고깃집에 가서 술도, 냉면도 먹지 않고 딱 고기만 먹었다. 메뉴판을 보며 군침만 흘렸다. 아내는 그런 내 모습을 바라보며 유난을 떤다며 혀를 끌끌 찼다.

"살다 살다 술을 참는 건 또 처음 보네."

무모한 도전을 옆에서 바라보느라 참 고생이 많았다. 그렇게 대구 마라톤만 바라보며 하루하루를 보냈다.

대구 마라톤이 하루 앞으로 다가왔다. 대회 하루 전날 대구에서 송도러닝크루분들과 함께 하룻밤을 보내기로 했다. 기차를 타러 광명역으로 갔다. 달리기하러 대구까지 간다니, 정말 유난이었다. 아내는 황당해하면서도 광명역까지 나를 태워 줬다. 광명역에서 마지막 식사를 하고, 아내와 헤어졌다. 잘 뛰고 오라는 아내의 격려에 한마디 했다.

"꼭 완주하고 갈게. 내일부턴 나를 마라토너 맹으로 불러 줘!"

기차를 타니 조금씩 심장이 두근거렸다. 기차에선 풀코스를 완주하신 분들의 영상을 보았다. 이봉주 선수, 황영조 선수, 기안84, 션, 그 밖에 다른 러닝 유튜버들. 그들을 보며 내 모습을 상상했다. 나는 어떤 모습으로 달리고 있을까? 완벽한 준비는 아니지만, 내가 할 수 있는 최선의 준비를 했다. 꼭 완주하고 싶었다.

대구에서 내려 숙소에 도착하자, 먼저 온 크루원분들께서 맞이해 주셨다. 술이 있으면 딱 좋을 분위기였지만, 내일을 위해 다들 참고 있었다. 한 크루원분께서는 내 싱글렛에 SDRC(송도러닝크루) 로고를 다리미로 전사해 주셨다. 싱글렛에 박힌 크루 로고가 마음에 들었다. 옷에 배번표를 붙이고, 에너지 젤을 챙기고, 스마트 워치를 잘 충전시키고, 다리에 테이핑하고. 모두가 내일 있을 마라톤을 준비하느라 바빴다. 나도 그들을 보며 최대한 따라 했다. 하지만 한 번도 해 보지 않은 테이핑이 낯설었다. 아무렇게나 감고 있는데, 그 모습을 본 크루원분께서 다급하게 물으셨다

"비오 님, 테이핑하실 줄 아세요?"

"그냥 이렇게 감으면 되는 거 아닌가요?"

맙소사! 하는 표정을 지으시며 나를 말리셨다. 갑작스레 나 때문에

거실에서 테이핑 특강이 열렸고, 무사히 테이핑을 마쳤다. 풀코스 한 번 뛰어 보겠다고 참 많은 사람에게 민폐를 끼쳤다.

모든 준비를 마치고 침대에 누웠는데 잠이 오질 않았다. 설렘인지 두려움인지 모를 감정에 심장이 요동쳤다. 아무리 노력해도 잠이 들지 않자 이어폰을 끼었다. 반야심경을 틀어보기도 하고, 신부님의 강독을 틀어 보기도 하고, 장작 불태우는 소리를 틀어 보기도 하고, 양을 대신 세 주는 ASMR도 틀어 보았지만, 도무지 잠이 들지 않았다. 마지막으로 새가 지저귀는 ASMR을 들으며 겨우 잠이 들었다. 혹여나 잠 못 이루는 밤이 있다면, 새가 지저귀는 ASMR을 강력 추천한다.

겨우겨우 들었던 잠은 금세 깼다. 다른 크루원분들도 깊게 잠들지 못한 듯했다. 이른 시간이었는데, 다들 한두 분씩 일어나셨다. 지하철을 타고 대구 스타디움으로 향했다. 가는 내내 긴장되었다. 생각보다 시간이 지체되어 분주하게 짐을 맡기고, 준비 운동을 하고, 마지막으로 화장실도 갔다. 출발 시간이 다가오자 출발선으로 향했다.

출발선에 서자 조금 설렜다. 함께 출발선에 선 크루분들께서 내 첫 풀코스 도전을 응원해 주셨다.
"첫 풀코스이시죠? 떨리세요?"

"네. 30km까지밖에 안 뛰어 봐서 30km 이후가 조금 걱정이네요."

"30km까지 가면 그때부턴 정신력으로 어떻게든 들어와요. 지금까지 뛴 게 아까워서 완주하게 돼요."

자신감이 생겼다. 그래. 어떻게든 들어오자. 오늘 무슨 일이 있어도 반드시 완주한다.

사실 마음속에 한 가지 목표가 더 있었다. 서브4 달성. 서브4는 풀코스를 네 시간 이내에 완주하는 것을 말한다. 4시간 이내로 완주하려면 1km당 5분 40초 페이스로 달리면 된다. 훈련 때 그 속도로 30km까지는 달려 본 적이 있었다. 2주 전 훈련에서는 24km를 5분 페이스로 달리는 것도 성공했다. 서브4는 그리 어렵지 않게 달성할 수 있을 것 같았다.

첫 풀코스 마라톤 출발을 알리는 총성이 울렸다. 설레는 마음으로 출발선을 지났다. 첫 1km를 5분 만에 통과했다. 컨디션이 아주 좋았다. 갑자기 자신감이 솟구쳤다. 어쩌면 3시간 30분 안에도 들어올 수 있지 않을까 하는 거만한 생각을 했다. 이렇게 마흔한 번만 더 가면 되겠네. 풀코스 뭐, 별거 아니네.

하늘은 거만한 사람에게 크나큰 시련을 준다. 풀코스 마라톤이니 당연히 힘들 줄은 알았다. 하지만 이렇게 힘들 줄은 몰랐다. 우선 날씨가 생각보다 더웠다. 조금 달리고 나니 옷이 땀으로 흠뻑 젖었다. 또한 코스가 생각보다 어려웠다. 오르막길이 아주 많았다. 유독 가느다란 다리를 가진 나에게는 너무도 힘든 언덕이었다. 언덕 훈련을 좀 더 하지 않은 게 후회가 되었다.

25km가 지나면서 속도가 점점 느려지기 시작했다. 조금 속도를 늦추고 나면 다시 몸이 회복될 줄 알았는데 아니었다. 30km가 지나며 내 몸은 스위치가 꺼진 듯 가라앉았다. 내 몸엔 오직 고통뿐이었다. 이 몸을 이끌고 12km를 더 달려야 한다니. 앞이 까마득해졌다. 어쩌면 완주를 못 할 수도 있을 것 같다는 생각이 스멀스멀 올라왔다. 500m마다 그만둘까 말까를 고민했다. 너무나도 걷고 싶었다.

출발 전 크루원분께서 한 가지 조언을 해 주셨다.

"절대로 걷지 마세요. 7분 페이스로 떨어져도 좋고, 8분 페이스로 떨어져도 괜찮으니까, 절대 걷지만 마세요. 그러면 4시간 안에 무조건 들어오실 수 있어요."

그 말을 떠올리며 걷지 않으려 애썼다. 하루키의 책에서 본 문장도 떠올렸다.

'적어도 끝까지 걷지는 않았다.'

오늘 집에 돌아가서 아내에게 꼭 그 문장을 전해 주고 싶었다.

"진짜 힘들었는데, 그래도 끝까지 걷지 않고 달렸어."

그러나 다리가 말을 듣지 않았다. 정신력으로 버텨 내려 했지만, 정신력은 부족한 체력을 이겨 내지 못했다. 결국 걷고 말았다.

걷고 나니 다시 달릴 엄두가 나지 않았다. 그렇다고 걸어서 가기엔 너무 많은 거리가 남았다. 포기를 진지하게 고민했다. 여기서 그만두면 어디로 가야 할까? 휴대폰도 없는데, 어떻게 도착지로 가야지? 카드라도 챙길 걸 그랬나. 구급차를 타고 가면 되려나? 이런 나약한 생각을 하던 중, 수많은 이들의 얼굴이 떠올랐다. 함께 훈련하고 응원해 주신 크루원분들, 별 볼 일 없는 나를 믿고 따르는 학생들. 가장 큰 힘이 된 건 아내였다. 포기하고 싶어질 때마다 생각했다.

"아…. 달리기 잘하는 척은 다 하고 왔는데, 완주 못 하면 분명 아내가 엄청나게 놀릴 것 같은데."

정신이 바짝 들었다. 이대로 집에 가면 완전 망신이다. 포기하고 싶어도 포기할 수가 없었다.

수많은 대구 시민분들의 응원도 정말 큰 힘이 되었다. 대구 마라톤의 분위기는 정말 좋았다. 내가 꿈꾸던 마라톤 풍경이었다. '힘내세요!' 소리치며 손을 뻗는 어린 소년. '장하다!'라며 격려해 주신 아주머니. 자동차 창문을 열고, '멋지십니데이!'라고 외쳐 주신 신사분, 물 한 잔을 건네주며 응원해 준 학생. 신명 나는 장단으로 힘을 주신 풍물놀이 장인들. 다리를 절뚝이는 나에게 파스를 뿌려 주신 자원봉사자분들. 오직 나를 위해 달리고 있는 나. 그런 나를 위해 과분한 응원을 보내 주는 이들. 너무나도 감사했지만, 말 한마디 건넬 힘이 없었다. 그날 미처 전하지 못한 화답을 지금이라도 전하고 싶다.

"덕분에 끝까지 달렸습니다. 정말 감사했습니다."

이들의 도움으로 겨우겨우 달리기를 이어 나갔다. 걷고 달리고를 반복하다 보니 40km를 알리는 표지판이 나왔다. 그때 드디어 안도했다. 완주는 할 수 있겠다는 생각이 들었다. 몸은 이미 너덜너덜해졌다. 정상이 아니었다. 지나가다가 파스를 들고 있는 분이 보이면 바로 달려가서 부탁했다.

"파스 한 번만 뿌려 주실 수 있나요?"

도착지인 대구 스타디움이 보일 때쯤 응원을 하던 어느 러닝크루가 보였다. 나는 그들을 쭉 살펴보며, 혹시 파스를 들고 있는 분이 없는지 보았다. 한 분께서 파스를 들고 계셨다. 그분께 달려갔다. 그런데 가까이서 보니 파스가 아니었다. 갑자기 앞에 멈춰 선 나를 보고 사람들은 당황했다. 나는 울기 직전의 표정으로 물었다.

"혹시 파스 있으신 분 없나요?"

"앗. 파스가 없는데, 어쩌죠…."

다들 안타까운 모습으로 나를 쳐다보았다. 그때 한 남자분께서 가방을 뒤지더니 파스를 꺼내셨다. 나에게 뿌려 주시며 다정한 말을 건네주셨다.

"이제 진짜로 다 왔어요. 조금만 더 힘내세요."

42.195km 중 남은 거리는 딱 2km. '이제 진짜로 다 왔어요.'라는 그의 말은 거짓이 아니었다. 하지만 눈앞에 보이는 엄청난 언덕을 보며 나는 괜히 그를 원망했다.

"다 오긴 뭐가 다와. 힘들어 죽겠는데. 완전 거짓말쟁이네. 대구는 언덕이 왜 이렇게 많은 거야."

파스는 더 이상 효과가 없었다. 이젠 기록은 안중에도 없었다. 이 고통이 끝나길 바랄 뿐이었다. 모든 걸 내려놓고 걷고 있을 때, 4:00이라고 쓰인 풍선을 매단 페이스메이커님께서 나를 지나치셨다. 그리고 말씀하셨다.

"이제 딱 1km 남았습니다. 제 앞으로 가셔야 서브4 하시는 겁니다."

첫 풀코스 목표로 정했던 서브4. 당연히 할 줄 알았던 서브4. 그 목표가 내 앞으로 멀어져 가고 있었다.

그때 다리에게 간곡하게 부탁했다.

"제발 1km만 버텨 줘. 그동안 내가 너 괴롭힌 적 없잖아. 나는 평소에 스쿼트도 안 하고, 등산도 안 하잖아. 좋은 주인 만나서 그동안 편하게 지냈잖아. 진짜 딱 5분만 버티자. 내가 이거 끝나면 물리치료도 해 주고 침도 맞게 해 주고 부항도 떠 줄게. 부족하면 여름에 발리에 가서 마사지도 해 줄게. 제발 딱 5분만. 절대로 저 풍선 아저씨한테 지면 안 돼. 알겠지?"

다시 걷기를 멈췄다. 4:00 풍선을 매단 아저씨를 다시 앞질렀다.

대구 스타디움 안에 들어가자, 누군가 '맹비오 파이팅!'을 외치곤 함께 달리며 휴대폰으로 내 모습을 촬영해 주셨다. 송도러닝크루의 크루원이셨다. 그때 갑자기 초인적인 힘이 생겼다. 모든 힘을 쥐어짜 내 질주를 했다. 양팔을 들어 올리며 결승점에 들어왔다.

적어도 마지막엔 걷지 않았다.

도착하자마자 잔디밭에 드러누웠다. 마지막 함께 달려 주신 크루원 분을 찾고 싶었는데 사람이 너무 많았다. 걷는 것도 힘들어서 그냥 포기했다. 내 꼴이 말이 아니었는지, 어떤 남자분께서 괜찮으시냐며 생수 한 병을 주셨다. 괜찮다는 말은 차마 나오지 않아서 짧게 '감사합니다.'라는 말만 건넸다. 500mL 생수 한 병을 단숨에 마시고, 다시 잔디밭에 드러누웠다. 신발을 벗고 싶었다. 신발 끈을 풀고, 신발을 벗다가 종아리에 쥐가 났다. 고통스러운 신음을 내뱉자, 옆에서 누군가가 다리를 잡고 쥐를 풀어 주셨다. 신발도 벗겨 주셨다. 혼자서 별 생쇼를 다 했다. 10분 정도 쉬고 나니 다시 걸을 힘이 생겼다. 크루원들을 만나기로 한 장소로 가서 완주 소식을 알렸다. 다들 축하해 주셨다. 나를 풀코스의 세계로 초대해 준 D 님께 말했다.

"생각보다 너무 힘드네요. 진짜 포기할 뻔했어요."

"오늘은 저도 힘들더라고요. 첫 풀코스를 너무 힘든 곳에서 하셨네요. 다음엔 훨씬 쉽게 느껴지실 거예요."

"다음이 있을까요?"

"며칠 지나면 다시 생각나실 거예요."


대구에서 다시 기차를 타고 광명역으로 왔다. 아내가 광명역에서 기다리고 있었다. 차를 타고 아내에게 말했다.

"나, 진짜 죽는 줄 알았어. 풀코스는 진짜 30km보다 10배는 더 힘들어. 이제부터는 마라토너 맹 이라고 불러 줘. 아, 근데 진짜 아직도 힘들어 죽겠네."

"그렇게 왜 혼자 사서 고생을 해! 다음부턴 하지 마!"

사서 고생을 하고, 사서 구박을 받았다. 그리고 집에 돌아와 문을 열자. 벽에 화려한 장식이 있었다.

"축! 맹비오 첫 풀코스 완주!"

너무나 행복한 하루의 마무리였다. 포기하지 않아서 정말 다행이라고 생각했다.

결국은
해냈다. 풀코스!
이제 나도 마라토너다.

# 에필로그

## 두 번째 도전을 마치며

누군가 이런 말을 해 준 적이 있습니다. 풀코스 마라톤을 도전하는 사람은 두 종류라고. 첫째, 딱 한 번의 도전으로 만족하는 사람. 둘째, 계속해서 다시 도전하는 사람. 당시 저는 첫 풀코스 마라톤 도전을 앞두고 있었습니다. '첫 도전이 끝난 뒤, 나는 어떤 선택을 할까?' 궁금했습니다. 한 번의 도전으로 충분하다고 여길지, 계속해서 도전을 이어나갈지.

삶의 대부분 경험은 한 번으로 충분했습니다. 불쾌한 경험은 물론이고, 즐거운 경험조차 그랬습니다. 지금까지 가 본 수많은 여행지 중에서 죽기 전에 다시 한번 꼭 가고 싶은 곳, 그렇지 않으면 평생을 후회할 것 같은 곳은 아직 만나지 못했습니다. 드럼을 치던 무대도, 물러날 곳 없이 싸웠던 케이지도 한 번이면 족했습니다. 더 이상 미련은 없습니다.

한 번 먹어 본 것으로 충분한 오마카세가 아닌 평생을 끊을 수 없는 라면. 한 번으로 충분한 아이돌 가수의 공연이 아닌 해마다 가고 싶은 락 페스티벌. 두 번은 하고 싶지 않았던 방 탈출 게임이 아닌 할 때마다 재밌는 스타크래프트. 한 번으론 만족하지 못하는 것. 두 번, 세 번을 넘어 끝없이 하고 싶은 것. 어쩌면 그게 진정 내가 좋아하는 게 아닐지 생각해 봅니다.

2024년 봄. 대구에서 첫 번째 풀코스 마라톤을 도전했습니다. 무식하고 용감했던 첫 도전은 비참하게 끝났습니다. 30km 지점에서 다리가 말을 듣지 않았습니다. 결국 달리지 못하고 걸었습니다. 42.195km가 너무 길었습니다. 마지막 결승점을 통과한 뒤, 홀로 바닥에 드러누워 생각했습니다.

'다시는 하고 싶지 않다.'

다음 날 눈을 뜨자 온몸에서 엄청난 통증이 몰려왔습니다. 한의원에 갔습니다. 한의사 선생님께서 물으셨습니다.

"어디가 아프세요?"

"어깨도 뭉쳤고, 허리도 아픕니다. 허벅지 근육통이 특히 심하고,

무릎도 조금 삐걱거리는 느낌이에요. 종아리에 자꾸 쥐가 나고, 걸을 때 아킬레스건도 조금 아파요."

한의사님께서 물으시더군요.

"아픈 곳이 많으시네요. 혹시 무슨 사고 나셨나요?"

"아…. 사고는 아니고. 어제 마라톤을 했거든요…."

고슴도치처럼 온몸에 침을 꽂고 누워 고민했습니다. 한 번의 도전으로 만족할 것인가. 계속해서 도전을 이어 나갈 것인가. 몸속에 박힌 침을 다 빼고, 한의원을 나오며 결심했습니다.

'이대로 끝내기엔 너무 분하다. 한 번만 더 해 보자.'

그리고 며칠 뒤, 가을에 열리는 JTBC 마라톤 풀코스를 신청했습니다. 두 번째 도전은 그때부터 시작되었습니다.

JTBC 마라톤 하루 전. 오직 나 자신과의 승부를 앞둔 하루 전날. 제가 할 수 있는 일은 기도뿐이었습니다. 믿음의 깊이가 얕은 불량한 신자이지만, 성당 한 번 안 가는 날라리 신자이지만, 진심으로 믿는 말이 있습니다. '하늘은 스스로 돕는 자를 돕는다'. 유난히 더웠던 여름, 쉴 새 없이 달렸습니다. 물론 많이 부족하지만, 스스로 부끄럽지 않을 만큼 노력했습니다. 훈련, 휴식, 식단, 테이핑까지 할 수 있는 '시도'는 모두 다 했습니다. 제가 할 일은 '기도'만 남았습니다.

"제가 여름 동안 흘린 땀이 헛되지 않게 도와주소서. 성부와 성자와 성령의 이름으로 아멘."

이제 기도가 반드시 이뤄질 것이라 그저 믿을 뿐입니다.

준비를 모두 마치고 평소보다 빨리 침대에 누웠습니다. 새벽부터 집을 나서야 하기에, 밤 9시 전에는 자려고 애썼습니다. 가슴이 두근거려 쉽게 잠이 들지 않았습니다. 두려움, 기대, 걱정, 설렘이 섞인 감정이었습니다. 아직도 잠 못 이룰 정도로 설레는 밤이 있다니. 저는 참 행복한 사람입니다.

마침내 2024년 11월 3일. JTBC 마라톤 풀코스를 달리는 날입니다. 오직 이날을 위해 더운 여름을 견뎠습니다. 출발선에서 머릿속으로 되뇌었던 목표는 세 가지였습니다.

1. 3시간 30분 이내로 완주하자.

2. 끝까지 걷지 말자.

3. 결승점에 웃으며 들어오자.

저에겐 1번 목표보다 2번, 3번 목표가 더 중요했습니다. 지난 4월,

잔뜩 구겨진 얼굴로 결승점에 들어왔던 대구 마라톤의 악몽을 이겨 내고 싶었습니다.

초반에 같은 크루원 C 님과 함께 달렸습니다. 5km쯤 송도러닝크루 응원단을 만났습니다. 아직 힘이 넘칠 때였습니다. 신나게 응원해 주신 분들과 하이파이브를 했습니다. 그리고 함께 달리던 크루원 C 님께 말했습니다.

"마지막에도 이렇게 웃으면 좋겠네요."

그 바람은 이루어졌습니다.

출발점을 지나고 결승점에 도착할 때까지 모든 순간이 행복했습니다. 10km를 지날 때도, 20km를 지날 때도, 30km를 지날 때도, 심지어 40km를 지날 때도 웃으며 달렸습니다. 그때 직감했습니다.

'오늘은 기쁘게 결승점을 통과할 수 있겠다.'

잠시 후, 저 멀리 결승점이 보였습니다. 주로 양쪽에서 수많은 사람들의 함성이 들렸습니다. 마지막 남은 힘을 다해 신나게 질주했습니다. 여름 내내 바라던 대로 웃으며 결승점을 통과했습니다. 기록은 3시간 25분 5초. 목표보다 5분 정도 일찍 들어왔습니다. 완주 메달을 목에 걸고 바닥에 주저앉아 생각했습니다.

'한 번 더 하고 싶다. 얼른 다시 하고 싶다!'

『거북이도 달리면 빨라집니다』는 제 두 번째 책입니다. 두 번째 책은 첫 번째 책보다 더 좋았으면 하는 마음으로 썼지만, 부족함을 느낍니다. 묵묵히 응원해 주시는 많은 분들을 보며 생각했습니다. 달리기도, 글쓰기도 결코 혼자서 하는 일이 아니라고. '맹비오 파이팅'이라고 외쳐 주시는 분들 덕분에 결승점까지 달릴 수 있었습니다. '책 재미있게 읽었습니다.'라는 말 한마디 덕분에 끝까지 쓸 수 있었습니다. 응원해 주신 모든 분께 정말 감사드립니다. 특히 철없는 남편을 믿고 지지해 준 아내에게 각별한 고마움을 전합니다.

다시 한번 생각해 봅니다.

'한 번으론 만족하지 못하는 것. 두 번, 세 번을 넘어 끝없이 하고 싶은 것. 어쩌면 그게 진정 내가 좋아하는 게 아닐까?'

저에게 그런 존재는 달리기와 글쓰기입니다. 달리기의 즐거움을 알리고 싶어 한 글자 한 글자 썼습니다. 그 마음이 온전히 전달되길 바랍니다. 언젠가 함께 달릴 그날을 기다리겠습니다.

2024년 11월 맹비오